Au pas, Camarade !
Exercices Supplémentaires

Leçon 1

1 動詞 être を適当な形にして書きなさい.

(1) Je (   ) japonaise.

(2) Elle (   ) professeur.

(3) Vous (   ) de Paris ?

(4) Ils (   ) américains.

(5) Tu (   ) étudiant ?

(6) Paul (   ) français.

(7) Nous (   ) lycéens.

(8) Marie et Sachiko (   ) étudiantes.

2 主語と補語の性数一致に注意し, 表を完成しなさい.

A	Il est espagnol.	Ils sont
	Elle est	Elles sont

B	Il est chinois.	Ils sont
	Elle est	Elles sont

C	Il est musicien.	Ils sont
	Elle est	Elles sont

D	Il est journaliste.	Ils sont
	Elle est	Elles sont

3 ( ) に動詞 être を適当な形にして入れ, 否定文に書きかえなさい.

(1) Je (   ) chinois.   → _____

(2) Tu (   ) espagnol.   → _____

(3) Elles (   ) marocaines.   → _____

(4) Il (   ) japonais.   → _____

(5) Nous (   ) italiens.   → _____

(6) Elle (   ) française.   → _____

(7) Ils (   ) coréens.   → _____

(8) Vous (   ) américains.   → _____

4 主語を適切な人称代名詞に書きかえなさい.

(1) Clara est italienne. → (　　　　　) est italienne.

(2) William est professeur. → (　　　　　) est professeur.

(3) Alain et Taro sont étudiants. → (　　　　　) sont étudiants.

(4) Marie et Émilie sont françaises. → (　　　　　) sont françaises.

(5) Patrick, Emma et Yuka sont étudiants. → (　　　　　) sont étudiants.

5 主語にあわせて書きかえなさい.

(1) Il est vietnamien. → Elle (　　　　　) (　　　　　).

(2) Je suis professeur. → Nous (　　　　　) (　　　　　).

(3) Elle est coréenne. → Elles (　　　　　) (　　　　　).

(4) Il est photographe. → Ils (　　　　　) (　　　　　).

(5) Ils sont anglais. → Elles (　　　　　)(　　　　　).

6 (　　　) に適当な人称代名詞を入れ，必要に応じて補語の語尾をかえなさい.

Pierre 　　　　　: (　　　　　) es étudiant___?

Sachiko 　　　　: Oui, (　　　　　) suis étudiante. Et vous ? (　　　　　) êtes étudiant___?

Pierre et Louis : Non, non. (　　　　　) sommes journaliste___.

7 会話文について，問いに答えなさい.

Paul 　　　: Bonjour ! Je m'appelle Paul MARTIN. Et toi ?

Sachiko : Je m'appelle Sachiko SUZUKI.

Paul 　　　: Tu es japonaise ?

Sachiko : Oui, je suis de Kyoto. Et toi ?

Paul 　　　: Moi, je suis français, je suis de Marseille. Tu es étudiante ?

Sachiko : Oui, je suis étudiante en littérature. Et toi ?

Paul 　　　: Je suis étudiant en économie.

(1) 和訳しなさい.

(2) « vous » を使った会話に書きかえなさい.

(3) Sophie MARTIN（フランス人・Paris 出身・写真家）と Kento TANAKA（日本人・東京出身・法学 (droit) 専攻の男子学生）の会話に書きかえなさい.

Leçon 2

1 marcher, aimer の直説法現在の肯定形，否定形を書きなさい．エリジオンに注意．

marcher

肯定形
je marche
tu
il
nous
vous
ils

否定形
je ne marche pas
tu
il
nous
vous
ils

danser

肯定形
je
tu
il
nous
vous
ils

否定形
je
tu
il
nous
vous
ils

aimer

肯定形
j'
tu
il
nous
vous
ils

否定形
je
tu
il
nous
vous
ils

2 avoir の直説法現在形を書きなさい．

(1) Nous (　　　　　　　) vingt et un ans.

(2) Tu (　　　　　　) quel âge ?

(3) Elle (　　　　　　) faim.

(4) Je n' (　　　　　　) pas froid.

(5) Ils (　　　　　　) seize ans.

(6) Il (　　　　　) soif.

(7) Elles n' (　　　　　　) pas sommeil.

(8) Vous (　　　　　　) tort.

3 次の文を，それぞれ①est-ce que を使った疑問文，②倒置疑問文にしなさい．

(1) Vous êtes professeur ?　　①_____

　　　　　　　　　　　　　　②_____

(2) Il a chaud ?　　　　　　①_____

　　　　　　　　　　　　　　②_____

(3) Marie habite à Marseille ? ①_____

　　　　　　　　　　　　　　②_____

4 [　　] の中の第一群規則動詞を適当な形にして入れなさい．

(1) Je ne (　　　　　　　　) pas beaucoup. [travailler]

(2) Il (　　　　　　　　) à Osaka aujourd'hui. [arriver]

(3) Est-ce que vous (　　　　　　　　) à la tour Eiffel ? [monter]

(4) Elles (　　　　　　　　) dans le musée du Louvre. [entrer]

(5) Nous (　　　　　　　　) trois mois à Paris. [rester]

(6) Tu (　　　　　　　　) vite ! [marcher]

5 動詞 être, avoir, habiter, parler のいずれかを適当な形にして入れなさい．

(1) Vous (　　　　　) étudiant ? — Oui, je (　　　　　) étudiant en maths.

(2) Quel âge (　　　　　)-vous ? — J'(　　　　　) 19 ans.

(3) Où est-ce que vous (　　　　　) ? — J'(　　　　　) à Osaka.

(4) C'est Marie. Elle (　　　　　) étudiante. Elle (　　　　　) 21 ans. Elle

　　(　　　　　) à Paris. Elle (　　　　　) français et italien, mais elle ne

　　(　　　　　) pas anglais.

(5) Pierre et Louis (　　　　　) journalistes. Ils (　　　　　) 28 ans. Ils

　　(　　　　　) à Montréal. Ils (　　　　　) anglais et français.

6 問いに対して適当な答え方を選びなさい．

(1) Vous ne parlez pas allemand ? — [Oui / Si / Non], je ne parle pas allemand.

(2) Elle n'est pas étudiante ? — [Oui / Si / Non], elle est étudiante.

Leçon 3

1 適当な不定冠詞を入れなさい.

(1) (   ) téléphone portable   (2) (   ) stylos

(3) (   ) parapluie   (4) (   ) trousse

(5) (   ) école   (6) (   ) voitures

2 適当な定冠詞を入れなさい.

(1) (   ) sac   (2) (   ) moto

(3) (   ) livre   (4) (   ) chaises

(5) (   ) clef   (6) (   ) table

(7) (   ) imprimante   (8) (   ) cahiers

3 冠詞に注意して否定文に書きかえなさい.

(1) Nous avons une voiture. → _____

(2) Il a des lunettes.   → _____

(3) C'est une école.   → _____

4 適当な指示形容詞を書きなさい.

(1) (   ) école   (2) (   ) appartement

(3) (   ) ciseaux   (4) (   ) vélo

5 下線部の名詞について, 性（男性／女性）と数（単数／複数）を答えなさい.

(1) Le <u>livre</u> est à moi.

(2) J'ai un <u>ordinateur</u> et une <u>imprimante</u>.

(3) Ce sont les <u>ciseaux</u> de Tomomi.

(4) Il y a des <u>feuilles</u> sur la <u>table</u>.

6 当てはまる冠詞を右から選んで入れなさい. [un, une, des, le, la, l', les, de]

(1) Qu'est-ce que c'est ? — C'est (   ) parapluie. C'est (   ) parapluie de Marie.

(2) J'ai (   ) crayon et (   ) gomme, mais je n'ai pas (   ) cahier.

(3) Cette trousse est à toi ? — Non, c'est (   ) trousse de Pierre.

(4) Ce sont (   ) lunettes ? — Oui, ce sont (   ) lunettes de Paul.

(5) Est-ce que tu as (   ) ciseaux ? — Non, désolé, je n'ai pas (   ) ciseaux.

(6) C'est (　　　) portefeuille ? — Non, ce n'est pas (　　　) portefeuille. C'est (　　　) agenda. C'est (　　　) agenda de Tomoko.

7 例にならって左の (　　　) に指示形容詞，右の (　　　) に主語人称代名詞を入れなさい.

（例）(Ce) classeur est à qui ? — (Il) est à moi.

(1) (　　　　　　) cahier est à Pierre ? — Oui, (　　　　　　) est à lui.

(2) (　　　　　　) montre est à qui ? — (　　　　　　) est à Paul.

(3) (　　　　　　) lunettes sont à qui ? — (　　　　　　) sont à Monsieur Hara.

(4) (　　　　　　) ordinateur est à Marie ? — Non, (　　　　　　) est à Claire.

8 当てはまる人称代名詞（自立形）を入れなさい.

(1) Paul, ce livre est à (　　　　　　) ? — Oui, oui, il est à moi.

(2) Ces sacs sont à Marie et Yumi ? — Oui, ils sont à (　　　　　　).

(3) Cette voiture est à (　　　　　　) ? — Oui, elle est à nous.

(4) Vous êtes professeurs ? — Non. (　　　　　　), je suis médecin, et (　　　　　　), il est photographe.

9 絵に合うように，適語を右から選んで入れなさい. [côté, dans, devant, droite, sous, sur]

Qu'est-ce qu'il y a ?

— Il y a une table, une chaise, un sac et un vase. La chaise est à (　　　　　　) de la table. Le sac est (　　　　　　) la table, le vase est (　　　　　　) la table, et (　　　　　　) le vase, il y a une fleur. À (　　　　　　), il y a une porte, et (　　　　　　) la porte, il y a un chien.

Leçon 4

1 名詞に合わせて形容詞の形をかえなさい.

(1) blanc : Il porte un costume (　　　　　　). Elle porte une robe (　　　　　　).

Il a des T-shirts (　　　　　). Elle a des robes (　　　　　).

(2) gros : Mon père est (　　　　　). Ma mère n'est pas (　　　　　).

Mes frères sont (　　　　　). Mes sœurs ne sont pas (　　　　　).

(3) bon : C'est un (　　　　　) roman. C'est une (　　　　　) étudiante.

Ce sont de (　　　　　) romans. Ce sont de (　　　　　) étudiantes.

2 名詞の性と数, 形容詞の位置に注意しながら, 名詞と形容詞をつなぎなさい.

(1) des filles, heureux　　　→　_____

(2) une femme, chic　　　→　_____

(3) une voiture, nouveau　　→　_____

(4) des filles, joli　　　　→　_____

(5) les cheveux, long　　　→　_____

(6) des chambres, calme　　→　_____

(7) des étudiants, intelligent　→　_____

(8) un arbre, vieux　　　　→　_____

3 次の文を複数形にしなさい.

(1) C'est une fille charmante.　→　_____

(2) C'est un vieil appartement.　→　_____

(3) C'est un bel homme.　　→　_____

(4) C'est un excellent étudiant.　→　_____

(5) C'est une belle femme.　→　_____

4 (　　) 内の単語を並びかえて, 与えられた日本語に対応する文を作りなさい.

(1) それは頭のいい少年だ.

C'est (1. intelligent　　2. un　　3. garçon)

(2) それは私の妹です.

C'est (1. petite　　2. sœur　　3. ma)

(3) 彼女は金髪で, 緑の目をしている.

Elle a les cheveux (1. verts　　2. les　　3. yeux　　4. blonds　　5. et)

(4) それはとてもいい考えだ.

C'est (1. bonne　　2. une　　3. idée　　4. très)

5 所有形容詞を使って書きかえなさい.

(1) le cousin de Catherine → _____

(2) la mère de Pierre → _____

(3) les cousins de Marie-Claude → _____

(4) les nièces de Claire et Marie → _____

(5) l'appartemant de mon père → _____

(6) l'école de son frère → _____

6 次の文をフランス語にしなさい.

(1) 彼女のお父さんは東京に住んでいる.

(2) 私の父は作家です.

(3) 君のお姉さんは, 背が高くてほっそりしているね.

Signalement

1 Il s'appelle Jacques Martin. Il est grand et brun. Il a les yeux marron. Il est étudiant en droit. Il a 19 ans.

2 Elle s'appelle Florence Dubois. Elle est aussi grande et brune. Elle a les yeux verts. Elle est la sœur de Jacques. Elle est professeur de français. Elle a une fille.

3 Elle s'appelle Garance Dubois. Elle a les cheveux frisés et les yeux marron. Elle est la fille de Florence, la nièce de Jacques. Elle a 2 ans. Elle aime ses joujous !

Leçon 5

1 例にならって文を作りなさい.

(例) Je / aller / gare. → Je vais à la gare.

(1) Il / revenir / Chine. → _____

(2) Elles / habiter / Paris. → _____

(3) Vous / aller / Inde. → _____

(4) Tu / aller / toilettes ? → _____

(5) Il / aller / école. → _____

(6) Nous / revenir / église. → _____

(7) Ils / aller visiter / musée. → _____

(8) Elle / ne pas aller / restaurant. → _____

2 ( ) に当てはまる, 最も適切なものを下の中から選びなさい. (同じものを使ってもよい.)

(1) ⓐ Il a mal ( ) estomac.   ⓑ J'ai mal ( ) tête.

ⓒ Elle a mal ( ) ventre.   ⓓ Tu as mal ( ) dents ?

[à la,   à l',   au,   aux]

(2) ⓐ Elle est ( ) Canada.   ⓑ Je suis ( ) Kobé.   ⓒ Il vient ( ) Italie.

ⓓ Ils viennent ( ) France.   ⓔ Tu reviens ( ) Etats-Unis ?

[de,   du,   d',   des]

3 ( ) に最も適切な＜前置詞＋定冠詞＞または前置詞を入れなさい.

(1) Mes parents habitent ( ) Philippines. (2) Mon frère est ( ) Suisse.

(3) Ma sœur travaille ( ) Maroc.   (4) Sa famille habite ( ) Moscou.

(5) Son ami vient ( ) Arles.   (6) Je viens ( ) Japon, ( ) Kumamoto.

4 ( ) 内の単語を並びかえて, 与えられた日本語に対応する文を作りなさい.

(1) 彼, 日本から来たの？

Il (1. du   2. vient   3. Japon) ?

(2) 彼らは月曜にフランスへ行く.

Ils (1. France   2. vont   3. en) lundi.

(3) 私は試験を終えたところだ.

Je (1. de   2. finir   3. viens) mes examens.

(4) 君は週末家にいるつもり？

Tu (1. chez   2. rester   3. vas   4. toi) ce week-end ?

(5) 私はアメリカを旅行するつもりだ.

Je (1. voyager　　2. États-Unis　　3. aux　　4. vais)

5 例にならって中性代名詞を用いて下線部を書きかえなさい.

（例）Tu vas <u>au café</u> ? → Oui, j'y vais. / Non, je n'y vais pas.

(1) Vous allez <u>au musée</u> ?　　　　→ _____

(2) Tu vas <u>à la boutique</u> ?　　　　→ _____

(3) Ils habitent <u>en France</u> ?　　　→ _____

(4) Elle arrive <u>chez toi</u> ?　　　　→ _____

(5) Tu viens <u>du Japon</u> ?　　　　　→ _____

(6) Elle vient <u>d'Italie</u> ?　　　　　→ _____

(7) Vous venez <u>de la bibliothèque</u> ? → _____

(8) Elles viennent <u>des États-Unis</u> ? → _____

6 命令文にしなさい.

(1) Tu viens avec moi !

(2) Vous êtes gentil avec lui.

(3) Tu ne vas pas à la mer.

(4) Tu n'ouvres pas la fenêtre.

7 次の文をフランス語にしなさい.

(1) 私は火曜日に東京へ行くつもりだ.

(2) 彼は金曜日にパリから帰ったところです.

(3) 彼女たちはアメリカに住んでいる.

(4) 君は映画に行くの？―いや，そこから帰ったところだ.

(5) 木曜日に海へ行こうよ！

 **Lecture**

Gratin dauphinois (Préparation : 20mn – Cuisson : 1h30)

　　1 kg de pommes de terre.

　　250 g de crème fraîche.

　　50 g de beurre.

Coupez en rondelles minces les pommes de terre épluchées. Beurrez un plat à four. Placez les pommes de terre jusqu'à un centimètre du bord. Recouvrez* avec la crème. Disposez quelques petits morceaux de beurre et mettre à four doux pendant une heure et demie.

*recouvrir：覆う

Leçon 6

1 例にならって文を作りなさい.

(例) Je / adorer / chocolat → J'adore le chocolat.

(1) Ils / détester / tomate. → _____

(2) Elles / aimer bien / thé. → _____

(3) Tu / ne pas aimer / viande. → _____

(4) Vous / adorer / gâteau. → _____

(5) Je / ne pas boire / bière. → _____

(6) Il / boire / vin. → _____

(7) Nous / manger / riz. → _____

(8) Elle / ne pas manger / fromage. → _____

2 (　　) の中に適切な疑問代名詞を入れなさい.

(1) (　　　　　) tu fais ? — Je fais des courses.

(2) (　　　　　) vous aimez ? — J'aime Marie.

(3) (　　　　　) est-ce ? — C'est Anne, la sœur de Paul.

(4) (　　　　　) il y a dans le frigo ? — Il y a des œufs et du lait.

(5) (　　　　　) c'est ? — C'est un gâteau japonais.

(6) Tu vas au cinéma avec (　　　　) ? — Avec Guillaume.

(7) Il dessine avec (　　　　) ? — Avec des crayons.

(8) (　　　　　) cherchez-vous ? — Je cherche un stylo.

3 次の (　　) 内に最も適切な中性代名詞を入れなさい.

(1) Mon fils habite à Paris. Nous (　　　　) allons une fois par an.

(2) Tu crois qu'il aime Claire ? — Non, je ne (　　　　) crois pas.

(3) Elle aime le chocolat ? — Oui, elle (　　　　) mange beaucoup.

(4) Tu es fatigué ? — Non, je ne (　　　　) suis pas.

(5) Il pense un peu à son examen ? — Oui, il (　　　　) pense toujours.

(6) M. et Mme Dupont ont des enfants ? — Oui, ils (　　　　) ont trois.

(7) Il y a encore du vin. Tu (　　　　) veux ?

(8) Vous allez à Paris ce week-end ? — Non, nous venons d'(　　　　) revenir la semaine dernière.

4 次の (　　) 内に入る最も適切なものを 1 ～ 3 から選びなさい.

(1) J'aime beaucoup (　　　　) cuisine française.　　　1. le　　2. la　　3. une

(2) Elle a (　　　　　) argent dans sa poche. 　1. du　　2. de la　　3. de l'

(3) Ils ont (　　　　　) appartement. 　1. un　　2. l'　　3. de l'

(4) Tu veux (　　　　　) bière ? 　1. une　　2. de la　　3. la

5 (　　) 内の単語を並びかえて，与えられた日本語に対応する文を作りなさい．

(1) 彼女には話すことがたくさんある．　Elle a (1. de　　2. beaucoup　　3. choses) à raconter.

(2) 私には本を読む時間が十分にある．　J'ai (1. temps　　2. assez　　3. de) pour lire.

(3) 彼は水を飲み過ぎだ．　　　　　　Il boit (1. eau　　2. d'　　3. trop).

6 次の表現が答になる問いを選びなさい．

(1) C'est mon père.

　　Qui est-ce ? / Qu'est-ce que c'est ?

(2) Je voudrais un kilo de fromage.

　　Qui est-ce que vous voulez voir ? / Qu'est-ce que vous voulez acheter ?

(3) Le café.

　　Qui est-ce que tu aimes ?　　/　　Qu'est-ce que tu aimes ?

(4) C'est du poisson.

　　Qui prépare le dîner ?　　/　　Que prépares-tu pour le dîner ?

(5) Je parle de la peinture française.

　　De quoi parles-tu ?　　/　　De qui parles-tu ?

7 次の文をフランス語にしなさい．

(1) 君は今日の午後 (cet après-midi) 何をしますか？

(2) あなたは誰とカフェに行きますか？

(3) 彼は誰のことが好きなの？

 **Lecture**

Sur le pont d'Avignion

Sur le pont d'Avignon,	Les belles dames font comme ça
on y danse, on y danse	et puis encore comme ça
Sur le pont d'Avignon,	*(au refrain)*
on y danse tout en rond	Les militaires font comme ça
Les beaux messieurs font comme ça	et puis encore comme ça
et puis encore comme ça	*(au refrain)*
(au refrain)	

Leçon 7

1 (   ) の中の代名動詞を適当な形にかえて書きなさい.

(1) Il (se réveiller) à 6 heures et demie.

(2) Ils (se lever) à 7 heures.

(3) Je (se promener) sur les quais de la Seine.

(4) Nous (se voir) à 15 heures.

(5) Vous (se téléphoner) à 17 heures.

(6) Tu (se coucher) à 22 heures.

(7) Nous allons (se reposer) un peu.

(8) Tu (ne pas se souvenir) de ce garçon ?

(9) (Se lever), s'il te plaît.

(10) (Se lever), s'il vous plaît.

2 次の問いに対し，適切な答を選びなさい.

(1) Quel jour sommes-nous ?

C'est mardi. / C'est aujourd'hui.

(2) Quel temps fait-il ?

Il est deux heures. / Il neige.

(3) Quelle heure est-il ?

Il est trois heures. / Il vient à trois heures.

(4) De quelle couleur est ta voiture ?

Elle est rose. / Elle est jolie.

(5) Quels sont ces animaux ?

Ce sont des roses. / Ce sont des zèbres.

(6) Quelle taille faites-vous ?

Je fais du 38. / J'ai 25 ans.

3 例にならって文を作りなさい.

(例) Je / dîner / 19 heures → Je dîne à 19 heures.

(1) Ils / aller à l'université / 9 heures.   → _____

(2) Elle / prendre le train / 9 heures et demie. → _____

(3) Nous / finir nos cours / 15 heures.   → _____

(4) Elles / faire des courses / 17 heures.   → _____

(5) Je / rentrer à la maison / 18 heures.   → _____

(6) Il / regarder la télévision / 20 heures.   → _____

4 （ ）内の単語を並びかえて，与えられた日本語に対応する文を作りなさい．

(1) 私にはまだたくさんお金が残っている．

Il (1. reste   2. d'argent   3. encore   4. me   5. beaucoup).

(2) 料理をすることは簡単だ．

Il (1. cuisine   2. est   3. faire   4. de   5. la   6. facile).

(3) この通りではしばしば事故が起こる．

Il (1. accidents   2. arrive   3. des   4. souvent) dans cette rue.

(4)（買い物で）私にはジャムとチーズが必要だ．

Il (1. la   2. du   3. confiture   4. de   5. me   6. faut   7. fromage   8. et).

(5) 彼らは昨日から話をしていない．

Ils (1. se   2. parlent   3. pas   4. ne) depuis hier.

(6) 私は日曜日は7時には起きません．

Dimanche, (1. me   2. à   3. pas   4. lève   5. ne   6. 7 heures   7. je).

(7) 北海道では，冬，たくさん雪が降る．

Il (1. à   2. neige   3. Hokkaido   4. beaucoup   5. en) hiver.

5 次の文をフランス語にしなさい

(1) 私は食事の前に手を洗う．

(2) 彼らは毎晩 (tous les soirs) 電話をかけ合っている．

(3) 彼は毎朝公園を散歩する．

Une journée de Pierre

   Pierre se lève à sept heures. Il prend le petit déjeuner à sept heures et demie. Il va à l'université à huit heures et quart. Ses cours commencent à neuf heures. A midi, il déjeune au restaurant universitaire avec ses amis. Il reprend ses cours à une heure. Après ses cours, il travaille au café comme serveur. Il y travaille jusqu'à dix heures. Il rentre chez lui à dix heures et demie. Il se couche à minuit.

Leçon 8

1 下線部を人称代名詞にして全文を書きかえなさい.

(1) J'aime <u>Paul</u>.

(2) Ce livre plaît <u>aux étudiantes</u>.

(3) Vous choisissez <u>cette montre</u> ?

(4) Tu dois écrire <u>à ton ancien maître</u>.

2 下線部を人称代名詞にして全文を書きかえなさい. 二つの人称代名詞の語順に注意すること.

(1) Elle prête <u>ce roman</u> <u>à son frère</u>.

(2) Paul nous présente <u>sa cousine</u>.

(3) Je vais te rendre <u>ce parapluie</u> demain.

(4) Claire ne donne pas <u>son adresse</u> <u>à Jean</u>.

3 例にならって命令文を作りなさい.

(例) Tu fermes <u>la fenêtre</u>. → Ferme-la.

(1) Vous écoutez bien <u>votre femme</u>.　　　　　→

(2) Nous disons bonjour <u>à notre professeur</u>.　　→

(3) Tu me prêtes <u>ton stylo</u>.　　　　　　　　→

(4) Tu ne montres pas <u>cette photo</u> <u>à ton petit ami</u>.　→

4 つぎの文をフランス語にしなさい.

(1) それ，君の万年筆？— いや，クレールのだよ．彼女に返さないといけないんだ.

(2) これは何？— ポールからの手紙よ．— 私に見せて.

(3) この男の人だれ？— ジャンよ．明日大学であなたに紹介するわ.

(4) 僕の車は故障してるんだ．— じゃあ，僕のを使えよ.

5 次の文を訳しなさい. また，その内容について以下の質問にフランス語で答えなさい.

Jean　 : Tiens Claire, qu'est-ce que tu fais ici ?

Claire : Ah, Jean. Je vais acheter une cravate. Tu veux bien m'aider à choisir ?

Jean　 : Oui, bien sûr.

....

Claire : Qu'est-ce que tu penses de celle-là ? Elle est très élégante, n'est-ce pas ?

Jean　 : La cravate grise? Elle est un peu sobre. Je préfère celle-ci, la bleue.

Claire : Je ne demande pas ta préférence. Je prends la grise : elle lui va bien, cette
　　　　 couleur.

Jean   : Tu vas l'offrir à qui ?

Claire : Ça ne te regarde pas !

(1) Qu'est-ce que Claire va acheter ?

(2) Claire choisit quelle cravate ?

(3) Jean n'aime pas la cravate grise. Pourquoi ?

 **Lecture**

L'AMOUR, C'EST POUR RIEN

Comme une salamandre

L'amour est merveilleux

Et renaît de ses cendres

Comme l'oiseau de feu

Nul ne peut le contraindre

Pour lui donner la vie

Et rien ne peut l'éteindre

Sinon l'eau de l'oubli

L'amour, c'est pour rien

Tu ne peux pas le vendre

L'amour, c'est pour rien

Tu ne peux l'acheter

Parole : Pascal-René Blanc,

Musique : Enrico Macias, 1964

Leçon 9

1 (　　) 内の動詞を複合過去にかえなさい.

(1) Le concert (commencer) à 8 heures.

(2) Nous (parler) de cet accident.

(3) Après la promenade, elle (entrer) dans un café.

(4) Les étudiants (aller) au cinéma après les cours.

(5) Claire et Marie (se promener) sur les quais de la Seine.

2 複合過去形を用いてそれぞれの文章を書きかえなさい.

(1) Tu ne téléphones pas à Jean ?

(2) Mon père ne sort pas ce matin.

(3) Elles ne se souviennent pas de son nom.

(4) Finit-il ses devoirs avant le dîner ?

(5) Que prenez-vous au petit-déjeuner ?

3 過去分詞の一致に注意して複合過去に書きかえなさい.

(1) Nous nous téléphonons plusieurs fois.

(2) À Noël, vous vous offrez un cadeau ?

(3) Elle se lave les cheveux.

(4) Cécile et Marie, vous vous levez à quelle heure ?

(5) Quelle moto achetez-vous ?

4 下線部を人称代名詞にかえて，全文を書きかえなさい.

(1) Tu as prêté <u>ta robe</u> à ta sœur ?

(2) Nous avons acheté <u>ces pommes</u>.

(3) Vous avez écrit <u>à vos anciens maîtres</u> cette année ?

(4) J'ai offert <u>les fleurs</u> <u>à ma mère</u> pour son anniversaire.

(5) Avez-vous visité <u>la cathédrale de Chartres</u> ?

5 つぎの文をフランス語にしなさい.

(1) 先月私の姉は試験に合格した (réussir à).

(2) 昨日の夕方，私はポン・デザール (le Pont des Arts) の上でジャンに会った (rencontrer).

(3) 一週間前に彼女はアメリカへ向けて出発した (partir pour).

(4) 子供たちは昼食の前に手を洗わなかった.

6 次の会話文を読んで，以下の問いにフランス語で答えなさい.

Marie : Qu'est-ce que tu as fait hier soir ?

Claire : Je suis allée à l'Opéra avec Paul.

Marie : Avec Paul ?... Alors, qu'est-ce qu'on a donné à l'Opéra ?

Claire : *Carmen*.

Marie : Vous avez aimé l'interprétation ?

Claire : Bien sûr ! J'ai surtout aimé les airs du rôle principal.

Marie : Et Paul ? Il n'aime pas l'opéra, je crois.

Claire : Non, mais il a adoré la musique : il m'a offert le CD !

(1) Qu'est-ce que Claire a fait hier soir ?

(2) Qu'est-ce qu'on a donné à l'Opéra ?

(3) Est-ce que Claire a aimé l'interprétation de la pièce ?

(4) Paul n'a pas aimé la musique de *Carmen* ?

(5) Paul a offert le CD à Claire. Pourquoi ?

 **Lecture**

POUR TOI MON AMOUR

Je suis allé au marché aux oiseaux
Et j'ai acheté des oiseaux
Pour toi
   mon amour

Je suis allé au marché aux fleurs
Et j'ai acheté des fleurs
Pour toi
   mon amour

Je suis allé au marché à la ferraille
Et j'ai acheté des chaînes
De lourdes chaînes
Pour toi
   mon amour

Et puis je suis allé au marché aux esclaves
Et je t'ai cherchée
Mais je ne t'ai pas trouvée
   mon amour

Jacques Prévert, *Paroles*, 1946

Leçon 10

1 [ ] 内の語句を加えて，指示された文に書きかえなさい．

(1) La lune est grande. [le soleil]（劣等比較級に）

(2) Ce vin-ci coûte cher. [ce vin-là]（優等比較級に）

(3) Pierre joue bien au football. [son frère]（優等比較級に）

(4) J'ai beaucoup de CD. [mon père]（同等比較級に）

(5) C'est une fille sympatique. [la classe]（優等最上級に）

(6) Cette tarte est bonne. [les autres]（優等比較級に）

2 関係代名詞を用いて一つの文に書きかえなさい．

(1) Je prends le train. Ce train part à deux heures.

(2) La cravate n'est pas belle. Tu portes cette cravate.

(3) Le film m'a beaucoup intéressé. J'ai regardé ce film hier soir.

(4) J'ai adoré la galette. Ta sœur a fait cette galette.

(5) Je vais visiter l'église. Nous nous sommes mariés à cette église.

(6) À la télé, on annonce l'accident. J'ai parlé de cet accident hier.

(7) Nous avons dîné au restaurant. Le chef de ce restaurant est bien connu pour sa
nouvelle cuisine.

3 下線部を強調する文に書きかえなさい．

(1) <u>Tu</u> es sortie avec Hugo ?

(2) On se connaît <u>depuis 15 ans</u>.

(3) Elle a préparé <u>cette salade</u>.

(4) Jeanne a téléphoné <u>à Paul</u> ce matin.

(5) <u>Ils</u> ont visité le château de Versailles.

4 日本語に合うように，語を並びかえて文を作りなさい．なお，文頭の語も小文字にしてある．

(1) マルセイユまで行く列車はこの駅にはとまりません．

à / cette / gare / jusqu'à / le / Marseille / ne / pas / qui / s'arrête / train / va.

(2) 冬は一年で一番寒い季節です．

de / est / froide / la / la / l'année / l'hiver / plus / saison.

(3) あなたが幼年時代を過ごした街はどこですか？

avez / enfance / est/ la / où / passé / quelle / ville / votre / vous / ?

(4) 彼女がジャンを見たのはノートル・ダム・ド・パリの前だった．

a / c'est / devant / Jean / Notre-Dame de Paris / qu'elle / vu.

5) 君が怖がっているそのごっつい犬はプティって名前なんだよ.

　　as / ce / chien / dont / gros / *Petit* / peur / s'appelle / tu.

5 次の文をフランス語にしなさい.

(1) 私のスーツケースはアンヌのものより軽い.

(2) モン・ブラン (Le Mont Blanc) はヨーロッパで最も高い山だ.

(3) 彼の小説の中で一番私が好きなのは『金閣寺』(*Le Pavillon d'or*) です.

(4) 私は日本語がよくできるフランス人の男性をひとり知っています.

(5) これが父の失くした時計です.

L'ÉTRANGER

— Qui aimes-tu le mieux, homme énigmatique, dis ? ton père, ta mère, ta sœur ou ton frère ?

— Je n'ai ni père, ni mère, ni sœur, ni frère.

— Tes amis ?

— Vous vous servez là d'une parole dont le sens m'est resté jusqu'à ce jour inconnu.

— Ta patrie ?

— J'ignore sous quelle latitude elle est située.

— La beauté ?

— Je l'aimerais* volontiers, déesse et immortelle.

— L'or ?

— Je le hais comme vous haïssez Dieu.

— Eh ! qu'aimes-tu donc, extraordinaire étranger ?

— J'aime les nuages… les nuages qui passent… là-bas… là-bas… les merveilleux nuages !

*aimer の条件法現在形. 非現実の仮定に対する帰結を表す (Leçon 13 を参照)

Charles Baudelaire, *Le Spleen de Paris*,1869

Leçon 11

1 （　　）内の動詞を直説法単純未来にかえなさい.

(1) Elles (faire) du ski ce week-end.

(2) Tu (fermer) la porte.

(3) Je (prendre) le dîner chez mon ami demain soir.

(4) Cet enfant (avoir) trois ans après-demain.

(5) On (pouvoir) payer par carte ?

(6) Si vous travaillez bien, vous (réussir) à l'examen.

(7) Céline (aller) à l'université le mois prochain.

(8) Ils (acheter) un appartement l'année prochaine.

(9) Je (voir) des amis vendredi prochain.

(10) S'il fait beau demain, nous (se promener) en voiture.

(11) On (se voir) bientôt !

(12) Si tu viens demain, nous (venir) aussi.

(13) Jean et Marie (revenir) dans six mois.

(14) Je (partir) pour Paris la semaine prochaine.

(15) Vous (appeler) notre directeur demain matin !

2 （　　）内の動詞を直説法前未来にかえなさい.

(1) Il (terminer) son travail à minuit.

(2) Je (laisser) mon sac chez moi.

(3) Elles (rentrer) du bureau avant 18 heures.

(4) Nous (revenir) avant la semaine prochaine.

(5) Vous (terminer) vos devoirs à midi !

(6) Ils (laisser) la clé dans leur voiture.

(7) Nous (finir) notre travail avant nos vacances.

(8) Je (revenir) ici avant la nuit.

(9) Tu (rentrer) à la maison avant midi !

(10) Elle (finir) ses devoirs avant 19 heures.

(11) Elles ont réussi à l'examen. Elles (faire) des efforts.

(12) Nous (partir) pour les États-Unis quand vous arriverez.

(13) Le film (commencer) quand nous arriverons.

(14) Nous travaillerons ensemble quand vous (sortir) de l'université.

(15) La terre est humide. Il (pleuvoir) ce matin.

3 ( ) 内の動詞を現在分詞にかえなさい.

(1) En (faire) un gâteau, ma mère s'est brûlée.

(2) Nous avons rencontré Michel (bavarder) avec des amis dans la rue.

(3) Il se bronze sur la plage en (lire) un roman.

(4) Thomas et Louis ont vu Manon (aller) au théâtre.

(5) En (manger) de la soupe, tu reprendras tes forces.

(6) J'ai aperçu votre frère (attendre) un taxi à la gare.

(7) Ils sont bien heureux tout en (mener) une vie pauvre.

(8) En (avoir terminé) ses études, Sophie est entrée dans une entreprise.

(9) J'ai appris le français en (vivre) en France.

(10) Ses parents (être) riches, il a pu continuer ses études à l'étranger.

4 次の文をフランス語にしなさい.

(1) 彼女は，大人になったら（être grand），菓子職人になるでしょう.

(2) もし明日雪が降ったら，彼らはスキーをしに出発する予定です.

(3) あなたが迎えに来る頃には，私は掃除を終えているでしょう.

(4) 宿題を終らせたら，遊びに行っても（aller jouer）いいよ.

(5) 彼女たちは携帯電話で話しながら昼食をとっています.

 **Lecture**

Notre Mère nous dit :

— Voici votre Grand-Mère. Vous resterez chez elle pendant un certain temps, jusqu'à
la fin de la guerre.

Notre Grand-Mère dit :

— Ça peut durer longtemps. Mais je les ferai travailler, ne t'en fais pas. La nourriture
n'est pas gratuite ici non plus.

Notre Mère dit :

— Je vous enverrai de l'argent. Dans les valises, il y a leurs vêtements. Et dans le carton,
des draps et des couvertures. Soyez sages, mes petits. Je vous écrirai.

Elle nous embrasse et elle s'en va en pleurant.

Agota Kristof, *Le Grand Cahier*, 1986

Leçon 12

1 ( ) 内の動詞を直説法半過去にかえなさい.

(1) Nous (être) lycéens il y a dix ans.

(2) Il (pleuvoir) toute la journée.

(3) Je (manger) du yaourt comme dessert en France.

(4) Elle (se lever) tôt tous les matins.

(5) Vous (connaître) ce film à ce moment-là ?

(6) Ils (ouvrir) leur magasin à dix heures du matin.

(7) Tu (conduire) tes enfants en voiture à l'école ?

(8) Mon frère (travailler) bien dans son enfance.

(9) Anne et Marie (faire) du ski tous les hivers.

(10) Cet enfant (se coucher) tard tous les soirs.

2 ( ) 内の動詞を直説法大過去にかえなさい.

(1) Quand je suis arrivé au théâtre, l'opéra (commencer).

(2) Ils (revenir) des États-Unis avant Noël.

(3) Elle (apprendre) l'alphabet avant d'aller à l'école maternelle.

(4) Tu (finir) tes devoirs avant de sortir avec tes amis ?

(5) Quand il est venu nous chercher, nous (arriver) à l'aéroport.

(6) Quand je suis arrivé à la gare, le dernier train (partir).

(7) Quand elle est rentrée de l'école, la nuit (tomber).

(8) Quand nous sommes venus les voir à Paris, ils (déménager) à Nice.

(9) Vous (aller) jouer dehors avant de terminer votre travail.

(10) Il (se lever) avant six heures du matin.

3 ( ) 内の動詞を直説法複合過去または半過去にしなさい.

(1) Ils (habiter) à Lyon il y a cinq ans.

(2) Ils (habiter) à Lyon pendant cinq ans.

(3) Elle (aller) au cinéma pour la première fois.

(4) Elle (aller) au cinéma tous les week-ends.

(5) Nous (lire) un roman toute la journée.

(6) Nous (lire) un roman hier.

(7) Quand je (jouer) dehors, je (attraper) un rhume.

(8) Quand nous (recevoir) cette nouvelle, nous (faire) une petite fête chez nous.

(9) Quand son fils (naître), elle (être) encore étudiante à l'université.

(10) Quand sa mère (mourir), il (assister) au cours.

4 次の能動態の文を受動態の文に書きかえなさい.

(1) Ce petit village enchante les touristes.

(2) Antoine montre cette ville aux étrangers.

(3) Manon élève ces animaux.

(4) On fabrique ce vélo au Japon.

(5) On appelle Alain « docteur ».

(6) Cette nouvelle a surpris tout le monde.

(7) Les enfants ont cassé cette assiette.

(8) Pierre a fait ces gâteaux.

(9) Robert a pris ces photos.

(10) Jean a offert ce bouquet à sa mère.

5 次の文をフランス語にしなさい.

(1) 彼が中学生だったころ,彼は毎日ピアノをひいていました.

(2) 7 年前,私たちはフランス語を習っていました.

(3) 彼女は毎朝散歩をしていました.

(4) 彼女が私を迎えに来たとき,私は駅のコンコース (hall de gare) で待っていました.

(5) その時計はドイツで製造されています.

Lecture

Aujourd'hui, maman est morte. Ou peut-être hier, je ne sais pas. J'ai reçu un télégramme de l'asile : « Mère décédée. Enterrement demain. Sentiments distingués. » Cela ne veut rien dire. C'était peut-être hier.

〔...〕

J'ai pris l'autobus à deux heures. Il faisait très chaud. J'ai mangé au restaurant, chez Céleste, comme d'habitude. Ils avaient tous beaucoup de peine pour moi et Céleste m'a dit : « On n'a qu'une mère. » Quand je suis parti, ils m'ont accompagné à la porte. J'étais un peu étourdi parce qu'il a fallu que je monte chez Emmanuel pour lui emprunter une cravate noire et un brassard. Il a perdu son oncle, il y a quelques mois.

Albert Camus, *L'Étranger*, 1942

Leçon 13

1 （　　）内の動詞を条件法現在にかえなさい.

(1) Si vous travailliez bien, vous (réussir) à votre examen.

(2) Madame, je (vouloir) essayer ces chaussures.

(3) Si elle avait du temps, elle (pouvoir) venir vous voir à Paris.

(4) Si nous avions de l'argent, nous (acheter) ce tableau.

(5) Ils (devoir) terminer leur travail à midi.

(6) Il (falloir) réfléchir davantage.

(7) S'il n'était pas malade, il (aller) au cinéma.

(8) Avec ton aide, nous (obtenir) un succès.

(9) Si la pluie cessait, on (manger) sur la terrasse.

(10) Si j'avais une voiture, je vous (conduire) chez vous.

(11) Sans leur travail, ils (venir) avec nous.

(12) Nous ne (savoir) trop le souligner.

(13) Si elle terminait ses devoirs, elle (voir) un match de tennis.

(14) S'il faisait beau, je (se promener) en voiture.

(15) Cela vous (plaire) de dîner chez nous ?

2 （　　）内の動詞を条件法過去にかえなさい.

(1) S'il avait neigé, je (partir) faire du ski.

(2) Un accident (avoir) lieu ce matin.

(3) Avec votre conseil, nous (réussir).

(4) Si elle n'avait pas été malade, elle (participer) à cette réception.

(5) Vous (devoir) venir plus tôt.

(6) Si j'avais eu du temps, je (aller) au concert.

(7) S'ils avaient eu de l'argent, ils (acheter) cette maison.

(8) Si elle ne s'était pas levée tard, elle (prendre) son petit déjeuner.

(9) S'il avait fait beau, nous (faire) une randonnée.

(10) Sans cet accident, le train (arriver) à temps.

(11) Si vous aviez consulté ces documents, vous (résoudre) ce problème.

(12) Si elles n'avaient pas été occupées, elles (venir) me voir.

(13) S'il n'avait pas manqué d'entraînement, il (gagner) le grand prix au concours.

(14) Sans cette carte, les enfants (se perdre) dans la forêt.

(15) Avec la permission de ses parents, Paul (épouser) Marie.

3 次の文を間接話法に書きかえなさい.

(1) Mon père m'a dit : « Reste à la maison toute la journée ! »

(2) Michel nous a demandé : « Est-ce que vous assistez au cours aujourd'hui ? »

(3) Ces filles m'ont demandé : « Tu es allée au concert hier ? »

(4) Notre P. D. G. nous a demandé : « Prendrez-vous un congé demain ? »

(5) Agnès m'a demandé : « Où est-ce que vous achetez vos vêtements ? »

(6) Pierre m'a dit : « Quand viendrez-vous me voir ? »

(7) Paul nous a demendé : « Vos enfants se sont mariés quand ? »

(8) Monsieur Girard m'a dit : « Ne faites pas de bruit ! »

(9) Ces touristes nous ont dit : « Nous nous promènerons en voiture demain. »

(10) Votre frère m'a dit : « Je lis un roman aujourd'hui. »

4 次の文をフランス語にしなさい.

(1) デュポンさん (M. Dupont) とお話がしたいのですが.

(2) もし忙しくなければ, 私たちは自宅でパーティー (une petite fête) をするのに.

(3) もし晴れていれば, 彼女たちは散歩をするのに.

(4) もし時間があったら, 彼は映画に行ったのに.

(5) 彼は明日彼女と会う約束があると私にいいました.

 **Lecture**

— Bonjour, dit le petit prince.

— Bonjour, dit le marchand.

C'était un marchand de pilules perfectionnées qui apaisent la soif. On en avale une par semaine et l'on n'éprouve plus le besoin de boire.

— Pourquoi vends-tu ça ? dit le petit prince.

— C'est une grosse économie de temps, dit le marchand. Les experts ont fait des calculs. On épargne cinquante-trois minutes par semaine.

— Et que fait-on de ces cinquante-trois minutes ?

— On en fait ce que l'on veut...

« Moi, se dit le petit prince, si j'avais cinquante-trois minutes à dépenser, je marcherais tout doucement vers une fontaine... »

Antoine de Saint-Exupéry, *Le Petit Prince*, 1943

Leçon 14

1 (　　) 内の動詞を接続法現在にかえなさい.

(1) Il faut que je (s'en aller).

(2) Il est possible qu'il (faire) chaud cet après-midi.

(3) Vous m'enverrez l'article pour que je (pouvoir) le lire tranquillement.

(4) Crois-tu qu'il (être) célibataire ?

(5) Je veux qu'il (partir) immédiatement !

(6) (vivre) la France !

(7) J'aimerais qu'il (être) bien portant.

(8) Il est douteux qu'ils (arriver) en avance.

(9) Je suis heureux que vous (aller) mieux de jour en jour.

(10) Il est possible qu'il (pleuvoir) demain.

(11) Laurent cheche un emploi qui lui (permettre) de vivre à son aise.

(12) Ils se sont installés dans un petit village pour que leurs enfans (pouvoir) grandir à la campagne.

(13) Je ne crois pas qu'il (lire) le journal.

(14) Beaucoup de téléspectateurs regrettent que ce (être) déjà le dernier épisode de ce feuilleton.

(15) Il est possible que la majorité (changer) aux prochaines élections.

2 (　　) 内の動詞を接続法過去にかえなさい.

(1) C'est dommage qu'elle (ne pas pouvoir) nous rendre visite.

(2) Marcel Proust est le plus grand romancier que la France (connaître).

(3) C'est la meilleure pièce que je (voir) l'année dernière.

(4) Je regrette que vous me (mentir).

(5) Il faut que vous (terminer) ce devoir avant la rentrée.

(6) C'est l'histoire la plus intéressante que je (jamais lire).

(7) Je veux que tu (venir) me voir avant le dîner.

(8) L'été 2003 a été le plus chaud que l'on (connaître) ces cinquante dernières années.

(9) Je suis heureuse que tu (venir) hier.

(10) Il se peut qu'elle (rentrer) déjà.

3 接続法と直説法のどちらかの適切な活用形を (　　) から選びなさい.

(1) Je ne pense pas que cet artiste (fait / fasse) un bon travail.

(2) Je crois qu'il (va / aille) voir l'exposition.

(3) Ils ne savent pas que nous les (attendons / attendions).

(4) Il faut que vous (savez / saviez) la vérité.

(5) Nous allons terminer nos devoirs avant qu'il (vient / vienne) nous voir.

(6) Nous craignons que vous (refusez / refusiez) notre proposition.

(7) Je ne pense pas qu'il (est / soit) malade.

(8) Il est rare que nous (partons / partions) en vacances en été.

(9) J'espère que vos enfants (vont / aillent) bien.

(10) Je veux acheter un cadeau qui lui (plaît / plaise).

4 接続詞句を入れかえ，従属節（イタリック体）を適当な法（直説法 / 接続法）にかえなさい.

Je sors *parce qu'il vient*.

(1) quoique

(2) à moins que

(3) si

(4) avant que

(5) quand

5 次の文をフランス語にしなさい.

(1) 金沢は私の知っている中でもっとも伝統的な都市の一つです.

(2) 娘が戻ってくるとは思わない.

(3) あなたに近況をお知らせ (envoyer des nouvelles) するためにメールアドレスを教えてください.

(4) とても暑いけれど出かけるつもりです.

(5) 私たちは彼が試験に合格するよう願っています.

Lecture

— « Comment t'appelles-tu ?

— Je m'appelle Jean, monsieur ?

— Tu habites dans ce quartier ?

— Non, monsieur, j'habite dans le quatorzième. »

Nous nous trouvons pourtant à l'autre bout de Paris. Bien que de multiples raisons puissent exister pour expliquer la présence ici de cet enfant, je m'étonne qu'il traîne ainsi, dans la rue, si loin de son domicile. Sur le point de lui poser une question à ce sujet, j'ai peur soudain que mon indiscrétion ne* lui paraisse étrange, qu'il s'alarme, et même qu'elle ne* le fasse fuir...

  * 虚字の ne は，心理的な否定のニュアンスの反映であって，意味上の否定ではない.（補遺§7，p.82 を参照）

Alain Robbe-Grillet, *Djinn*, 1981

ré-Cœur

TMARTRE   Gare du Nord

                Gare de l'Est

La Villette

Parc des
Buttes-Chaumont

Canal St-Martin

Place de la République

e du
e
    Forum
      des Halles

Centre
Georges Pompidou

Notre-Dame

Cimetière du
Père-Lachaise

QUARTIER
DU MARAIS

e de la Cité

s-Prés

Bd. St-Germain
orbonne

Ile St-Louis   Bd. Henri IV

Opéra
Bastille

Place de la Nation

Bd. Diderot

Panthéon

Institut du
Monde Arabe

Gare de Lyon

Jardin des Plantes
QUARTIER LATIN

Ministère des Finances

Montparnasse

Gare
d'Austerlitz

Palais Omnisport
de Paris-Bercy

Bois de Vincennes

Place d'Italie

Bibliothèque Nationale

Parc Montsouris

Seine

re

Au pas, Camarade!

［足並みそろえて，フランス語］

nouvelle édition

Takeshi Fujimoto

Yoshitaka Fujita

Naoko Inoue

Kayoko Kashiwagi

Takao Kashiwagi

Ritsuko Uezu

Surugadai-Shuppansha

音声について

本書の音声は，下記サイトより無料でダウンロード，
およびストリーミングでお聴きいただけます．

https://stream.e-surugadai.com/books/isbn978-4-411-00836-7/
弊社 HP から『オ・パ・カマラッド！（改訂二版）』を検索し，「音声無料ダウンロード
＆ストリーミング専用サイトはこちら」からも同ページにアクセスできます．

....

＊ご注意
・PC およびスマートフォン（iPhone や Android）から音声を再生いただけます．
・音声は何度でもダウンロード・再生いただくことができます．
・当音声ファイルのデータにかかる著作権・その他の権利は駿河台出版社に帰属します．
　無断での複製・公衆送信・転載は禁止されています．

Albert CAMUS：	"L'Étranger"©Éditions GALLIMARD
Agota KRISTOF：	"LE GRAND CAHIER"© Éditions du Seuil 1986, coll. Points, 1995
Alain Robbe-Grillet：	"DJINN"© 1981-1985 by Les Éditions de Minuit
著作権代理：	㈱フランス著作権事務所
本文デザイン・イラスト：	小熊未央
イラスト：	BBCat（斉藤）
表紙デザイン：	佐々木義洋

オ・パ・カマラッド！（足並みそろえて，フランス語！）

　青い空に美しく映えるエッフェル塔，モナ・リザのいるルーヴル美術館．フランスは昔からみんなのあこがれです！でもあこがれているばかりでは自分のものにはなりません．友達になる一番の方法は，話しかけること．そして相手のいうことをよく聞くこと．フランスと友達になるのも同じです．まずその言葉で話しかけましょう！ゼッタイ仲良しになれますよ！

　聞いて，話して，読んで，書いて…　むずかしいことはありません．みんなで足並みそろえて，１，２，３！と，少しずつ，この本でマスターしていきましょう！

　頁を開けば，もう友達の会話が始まっています．よく聞いて，それから大きな声で話しましょう！イラストもたくさんあってわかりやすい．短い文章もカンタン！すぐ読めます．そんな言葉をボールペンでいろいろカラーをかえて書いてみましょう！クラスメートとフランス語の会話や手紙の交換が始まります！

　わからなかったら，ちょっとまじめな顔をして文法パートを見てみましょう．フランス語は規則通りでとってもカンタン！練習問題もついでに征服しちゃいましょう．オ・パ・カマラッド！足並みそろえて，みんなで学べば，コワクない！

2007 年秋　執筆者一同

改訂版について

　『オ・パ・カマラッド』初版が刊行されたのは 2008 年 7 月．以来全国の高校，大学でフランス語教科書として多くのご支持をいただいて，出版までに幾度となく重ねてきた編集作業が報いられたと喜んでいます．

　この 4 年の間，ご使用いただいた先生方や学生の皆さんからいろいろご意見をたまわり，フランスの現況も変わってきていることを踏まえて，今回大幅な改訂に取り掛かりました．

　本書の基本は，話す・聞く・読む・書くという 4 つの基本能力を養成することにあります．熱心に授業に取り組まれた皆さんから，とても面白かった，力がついた，とお聞きするとともに，少し分量が多すぎるという感想もいただきました．

　今回の改訂は，できるだけ旧版の長所を生かしつつ，4 年間の教場での経験にもとづいてスリム化を図るとともに，文法解説もより簡潔に分かりやすくしました．そのかわり基本的な会話パターンを充実，文法項目をしっかり理解するための練習問題をふやして，フランス語理解をいっそう易しく，さらに堅固にする工夫をしました．学習する皆さんに必ず満足していただけると確信しています．

　本書の改訂に際しては駿河台出版社社長井田洋二氏，編集の上野名保子さんに大変お世話になりました．とりわけ上野さんには，表紙のデザインや編集作業に適切なアドヴァイスをいただき心から感謝しています．

　さぁ，新しい教科書で，オ・パ・カマラッド！足並みそろえて，夢はパリ！

2012 年夏　執筆者一同

本書の構成

この教科書は２つのパートからなります（会話・文法）.

Unité
会話のポイントがまとめられているので，まず基本表現を勉強しましょう

フランス文化が紹介されているので，フランスがどんな所か想像しましょう

会 話

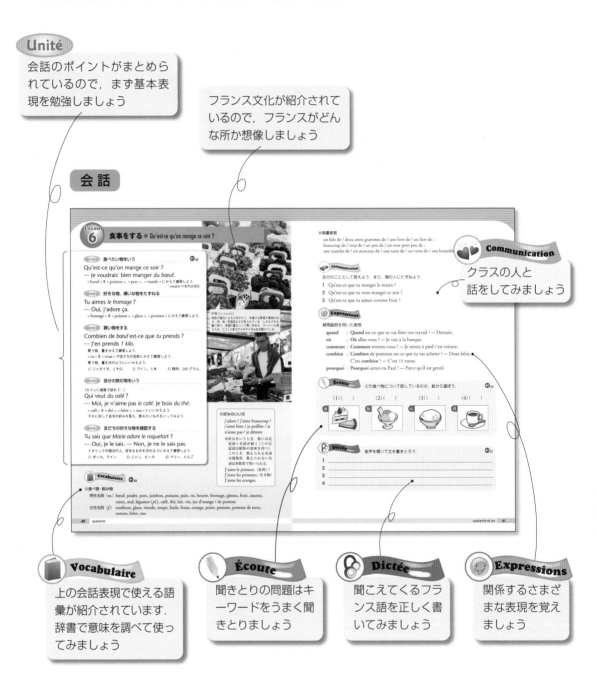

Communication
クラスの人と話をしてみましょう

Vocabulaire
上の会話表現で使える語彙が紹介されています. 辞書で意味を調べて使ってみましょう

Écoute
聞きとりの問題はキーワードをうまく聞きとりましょう

Dictée
聞こえてくるフランス語を正しく書いてみましょう

Expressions
関係するさまざまな表現を覚えましょう

文法

文法の練習問題は各文法項目
に対応しています

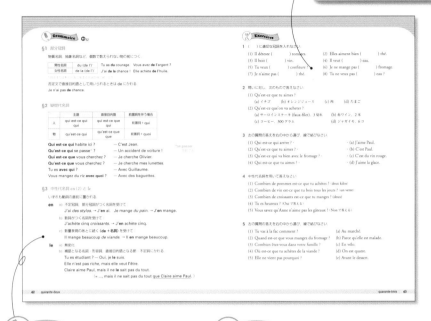

Grammaire

文法は会話のページに対応し
ています．わからないことは
ここで調べてみましょう

Lecture （別冊問題集）

読んだり訳したり，フランス語の力を試
しましょう．シャンソンから小説までさ
まざまなジャンルの文章がありますよ

この本をお使いになる先生方に

　この本をお使いになる先生方に

　この教科書は大学，高校でのフランス語授業のさまざまな目的と形態に対応できる「使いやすい」初級教科書を目指しました．そのため多くの授業経験をもつ執筆者が，全員で時間をかけて検討し，修正を重ねて書き上げたものです．

　文法については簡潔明快を目指し，初級フランス語の習得に必要最小限の内容に絞りこみましたが，重要な語彙はできる限り組み込むとともに，学習目的によっては必要となる文法事項を補遺に収めて完全を期しています．

　利用頻度の多い日常的な会話表現とよく使う動詞の活用については，いつでも復習したり，確認したりできるように 5 課の後に「まとめ」として置き，また実用性の高い情報を集めて巻末の付録としました．綴り字と発音については，補遺をご参照ください．

　本書は第一に総合教材として，まず口頭表現から始めて，文法規則を確認して納得する，という機能的な方法で教育効果が上がるよう工夫しています．また，授業の形態に応じて，会話だけ，あるいは，文法だけ教えるという場合にも，適宜取捨選択して使用できるよう配慮しました．

　また，今回の改訂を機に，文法練習問題を旧版よりも基礎的な内容に重点をおいたものに改める一方，応用編にいたるさまざまな形態の練習問題を別冊として独立させ，学習内容の十分な定着をはかりました．「読む」，「書く」能力育成のための練習は主にこの別冊に収めています．さらに，学生の方々の復習・確認に役立つよう，本書内のすべての語彙リストを巻末の付録に加えました．

　ご使用いただく先生方や受講生のみなさんからご意見やご批判をいただいて，さらに使いやすい教科書を目指し，フランス語に関心を持ち，その能力を十分に発揮する人たちが多く育つことを願っています．

もくじ

あいさつをする ● Bonjour !

Unité 1 あいさつをする 2

Bonjour madame ! — Bonjour monsieur !
Bonsoir mademoiselle ! — Bonsoir monsieur !

Unité 2 様子や具合を聞く 3

Ça va ? — Ça va bien, et toi ?
Comment allez-vous ? — Je vais bien, et vous ?

Unité 3 自分の名前をいう 4

Tu t'appelles comment ?
— Je m'appelle Hanako : H, A, N, A, K, O.
Vous vous appelez comment ?
— Je m'appelle YAMADA : Y, A, M, A, D, A.

 **Expressions** 5

●呼びかけのことば

madame ：既婚または職務についている女性に対するていねいな呼びかけ
mademoiselle：未婚の女性に対するていねいな呼びかけ
monsieur ：男性に対するていねいな呼びかけ

●基本のあいさつ

Salut. ：やあ．じゃあまた．
Bonjour. ：おはよう．こんにちは．
Bonsoir. ：こんばんは．さようなら．
Au revoir. ：さようなら．

●依頼やお礼のことば

Pardon. ：すみません．※人に声をかけたり，聞き返したり，謝るときに使うことば
Merci. ：ありがとう．
De rien. ：どういたしまして．なんでもないです．※お礼やお詫びのことばに対する返答
※この場合の受け答え：Pardon. — De rien.　　Merci beaucoup. — De rien.

1 Salut ! Je m'appelle Miki. Tu t'appelles comment ?

— Je m'appelle Taro : T, A, R, O.

2 Bonjour mademoiselle, vous vous appelez comment ?

— Je m'appelle Hayashi : H, A, Y, A, S, H, I.

●クラスメートと ディアローグのパターン 1) 気楽なあいさつ あるいは 2) ていねいなあいさ
つを選んで，お互いに自己紹介し，自分の名前と姓を alphabet を使って伝えよう.

Alphabet

● Alphabet 見ながら楽譜どおりに歌って発音してみよう. 7

●母音の発音練習をしてみよう.

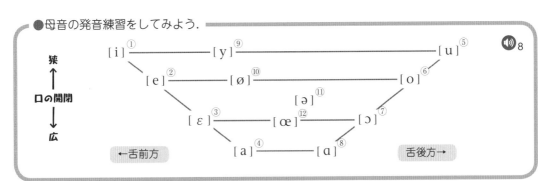

※番号は音声で読んでいる順番です.

日本語になったフランス語 🔊9

à la carte, gourmet, chocolat, meunière, café au lait, cognac, bavarois, restaurant, gratin, chef, mousse

ブランド名を読んでみよう 🔊10

Chanel, Agnès b., Hermès, Yves Saint-Laurent, Louis Vuitton, Comme des garçons, Petit bateau

■■ フランス共和国 La République française　通称は « La France »

・国土面積は約 55 万 km^2 で，日本の約 (　　　　　　) 倍

・総人口は約 6800 万人で，日本の約 (　　　　　　)

・首都は (　　　　　　)

・国家の象徴，国旗は ☐☐☐ (何色？)

・国歌は (　　　　　　　　)

・共和国の標語は (　　　　　)，(　　　　　　)，(　　　　　　)

・日本との時差は (　　　　　) 時間　※夏は -7 時間

・通貨は (　　　　　)

■■ 主要な都市と地形　10 ページの地図で位置を確認しよう 🔊11

10 大都市

Paris	パリ
Marseille	マルセイユ
Lyon	リヨン
Toulouse	トゥールーズ
Nice	ニース
Nantes	ナント
Strasbourg	ストラスブール
Montpellier	モンペリエ
Bordeaux	ボルドー
Lille	リール

4 大河川

la Loire	ロワール川
la Seine	セーヌ川
le Rhône	ローヌ川
la Garonne	ガロンヌ川

山 脈

| les Alpes | アルプス山脈 |
| les Pyrénées | ピレネー山脈 |

海 域

la Mer Méditerranée	地中海
l'Océan Atlantique	大西洋
la Manche	英仏海峡

Leçon 1

自分を紹介する ● Vous êtes japonais ?

Unité 1 出身をいう 🔊12

Je suis de* Kobe. *Et vous ?*
— Moi, je suis de Tokyo.

« Et toi ? » を使って出身をたずねよう.

*de：前置詞 ～から（出所）de Osaka → d'Osaka
※補遺 p.78「エリジオン」参照

Unité 2 専攻をいう

Vous êtes étudiante ?
— Oui, je suis étudiante en* économie. *Et vous ?*
— Je suis journaliste.

« Vous êtes » を « Tu es » に，« Et vous ? » を « Et toi ? » にかえて練習しよう.

職業をかえて練習しよう.

*en：前置詞 ～における（分野）

Unité 3 国籍をいう

Vous êtes *chinoise ?*
— Non, je ne suis pas *chinoise.* Je suis japonaise.
  Et *vous ?*
— Je suis *coréen.*

« Vous » を « Tu » にかえて練習しよう.

質問の国籍をかえて練習しよう.

エッフェル塔 (La tour Eiffel)
パリのランドマーク的存在のこの塔はフランス革命100
周年を記念して1889年にギュスターヴ・エッフェルの
手によって建立された。

 🔊13

国籍・職業には男性形と女性形があります.

● 国籍

japonais(*e*), français(*e*), anglais(*e*), chinois(*e*), allemand(*e*), espagnol(*e*), américain(*e*), marocain(*e*),
coréen(*ne*), italien(*ne*), vietnamien(*ne*), russe, belge, suisse

● 職業 (1)

étudiant(*e*), professeur, lycéen(*ne*), musicien(*ne*), journaliste, photographe

● 出身地

Paris, Marseille, Avignon, Londres, Rome, New York

数 (0〜10)  🔊14

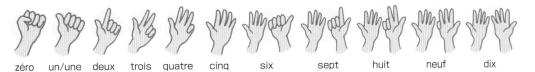

| zéro | un/une | deux | trois | quatre | cinq | six | sept | huit | neuf | dix |

Communication

1　互いに自分を紹介してみよう.

　例　Bonjour ! Je m'appelle Sachiko SUZUKI. Je suis étudiante en littérature. Je suis japonaise. Je suis de Kobe. Et vous ?

2　下から選んだ人物になったつもりで，友だちに自分を紹介してみよう.

| William américain professeur New-York | Li chinoise musicienne Pékin | Marco italien photographe Rome | Charlotte belge journaliste Bruxelles |

Écoute　男性か女性か，聞きとって丸をつけよう.　🔊15

例 1 : Je suis français.　例 2 : Elle est étudiante.

例1	例2	(1)	(2)	(3)	(4)
(男性) 女性	男性 (女性)	男性 女性	男性 女性	男性 女性	男性 女性

Dictée　聞こえた情報をフランス語で書きとろう.　🔊16

名　前	
国　籍	
出身地	
職　業	

 **Grammaire** 🔊17

§1 主語人称代名詞と動詞 être の活用（直説法現在）

動詞の活用：主語の人称と数に応じて動詞の形が変化する．être（原形）→ je suis（活用形）

être は「～である / いる［ある］」の意味で用いられる不規則変化動詞．

主語人称代名詞

	単数	複数
1人称	je [ʒə]	nous [nu]
2人称	tu/vous [ty/vu]	vous [vu]
3人称*	il [il]	ils [il]
	elle [ɛl]	elles [ɛl]

動詞 être の活用

je	**suis**	nous	**sommes**
tu	**es**	vous	**êtes**
il	**est**	ils	**sont**
elle	**est**	elles	**sont**

* 3人称単数の主語人称代名詞には「私たち」「人々」を表す « on » もある．

2人称代名詞 « tu »：親しい一人の相手（家族・友人・子どもなど）に用いる．

     « vous »：複数の相手，または目上の人やよく知らない相手に用いる．

3人称代名詞 il, elle, ils, elles は人・物を表す．

§2 主語と補語の性数一致

国籍・職業をいうとき，主語の性（男性 / 女性）・数（単数 / 複数）に応じて補語の形がかわる．

原則として女性の場合は語尾に **e**，複数の場合は語尾に **s** をつける．複数の s は発音しない．

—	— **s**
— **e**	— **es**

Il est étudiant.   Ils sont étudiant**s**.

Elle est étudiant**e**.   Elles sont étudiant**es**.

ただし，e で終わる語に e を，s で終わる語に s を付加することはない．

Il est **belge**.   Ils sont belges.   Il est **japonais**.   Ils sont **japonais**.

Elle est **belge**.   Elles sont belges.   Elle est japonaise.   Elles sont japonaises.

§3 否定文   **ne** ＋動詞＋ **pas** （動詞が母音または無音の h で始まる場合は **n'** ＋動詞＋ **pas**）

動詞 être の否定形（直説法現在）

je	**ne** suis **pas**	nous	**ne** sommes **pas**
tu	**n'**es **pas**	vous	**n'**êtes **pas**
il	**n'**est **pas**	ils	**ne** sont **pas**
elle	**n'**est **pas**	elles	**ne** sont **pas**

※綴り字と発音

語群の発音と綴り字：

リエゾン（連音） vous‿êtes

アンシェヌマン（連続） il‿est, elle‿est

エリジオン（母音字省略） tu ne es pas → tu n'es pas 等 ※補遺 p.78 を参照

 **Exercices**

1 動詞 être を適当な形にして書きなさい.

(1) Je (　　　　　　　　) étudiant.

(2) Tu (　　　　　　　　) japonais ?

(3) Elle (　　　　　　　　) lycéenne.

(4) Ils (　　　　　　　　) espagnols.

(5) Vous (　　　　　　　　) américains ?

(6) Nous (　　　　　　　　) français.

(7) Elles (　　　　　　　　) étudiantes.

(8) Il (　　　　　　　　) lycéen.

2 主語と補語の性数一致に注意し，表を完成しなさい.

A	Il est allemand.	Ils sont
	Elle est	Elles sont

B	Il est italien.	Ils sont
	Elle est	Elles sont

C	Il est français.	Ils sont
	Elle est	Elles sont

D	Il est suisse.	Ils sont
	Elle est	Elles sont

3 否定文に書きかえなさい.

(1) Je suis de Tokyo.　　→ _____

(2) Il est anglais.　　→ _____

(3) Vous êtes musicien.　　→ _____

(4) Ils sont russes.　　→ _____

(5) Elle est américaine.　　→ _____

(6) Tu es belge.　　→ _____

(7) Nous sommes d'Osaka.　　→ _____

(8) Elles sont professeurs.　　→ _____

Leçon 2 情報を得る ● Vous parlez français ?

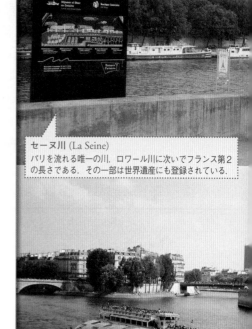

Unité 1 話せる言葉・話せない言葉をいう 🔊18

Vous parlez français et anglais ?
— Je parle français, mais je ne parle pas anglais.

« vous parlez » を « tu parles » にかえて練習しよう.

Unité 2 住んでいるところをいう

Est-ce que *vous habitez* à* Tokyo ?
— Non, je n'habite pas à Tokyo. J'habite à Osaka.

« vous habitez » を « tu habites » にかえて練習しよう.

*à：前置詞 ～に（場所）

Unité 3 年齢をいう

Vous avez quel âge ?
— J'ai dix-neuf ans.

« vous avez » を « tu as » にかえて練習しよう.

互いに年齢をきいてみよう.

名前・年齢・職業・国籍・住所・話せる言葉を説明し，自分を紹介してみよう.

セーヌ川 (La Seine)
パリを流れる唯一の川．ロワール川に次いでフランス第2の長さである．その一部は世界遺産にも登録されている．

 Vocabulaire 🔊19

● 言語

japonais, français, anglais, chinois, coréen, allemand, espagnol, portugais, russe, arabe

● **avoir** を用いる慣用表現

年齢：avoir ～ ans
身体の状態：avoir froid / chaud / faim / soif / sommeil
意見の妥当性：avoir tort / raison

🔊20

数 (11～39)

onze, douze, treize, quatorze, quinze, seize, dix-sept, dix-huit, dix-neuf, vingt,
vingt et un, vingt-deux, vingt-trois, [...], trente, trente et un, trente-deux, [...], trente-neuf

基数詞の発音に関する注意
① cinq, six, huit, dix は子音もしくは有音の h で始まる語の前で，語末の子音を発音しない.
　 huit livres [ɥilivr]　ただし cinq は語末の [k] を発音することもある.
② neuf は ans, heures の前で語末子音 f の音が有声 [v] となる.
　 neuf ans [nœvɑ̃]　neuf heures [nœvœr]

 **Communication**

1 例にならって，次の人物をフランス語で紹介してみよう．

例 Qui est-ce ?
— C'est Sachiko. Elle a vingt ans.
Elle habite à Kyoto. Elle parle
français et japonais.

名前
年齢
都市
言語

Frank
26 ans
Berlin
allemand

Mamma
18 ans
Casablanca
arabe,
français

Lucas
16 ans
Montréal
anglais,
français

Vanessa
34 ans
Genève
allemand,
italien, français

2 クラスメートを紹介してみよう．
（1）ペアの相手と互いに自己紹介します．名前・年齢・住所・話せる言葉をいおう．
（2）ペアの相手をかえます．
（3）新しい相手に，さっきの相手を紹介しよう．

3 相手の状態をたずねよう．
Est-ce que tu as froid ?
— Oui, j'ai très froid. / Non, ça va.

 **Écoute** 紹介文を聞いて，情報を書きとろう． 🔊21

	（1）	（2）
prénom	Marie	
nom		YAMADA
âge		
ville		
langues		

Grammaire 22

§1 第一群規則動詞 parler の活用（直説法現在）

第一群規則動詞（-er 動詞）はフランス語の全動詞の 9 割以上を占める．活用形は〈語幹＋活用語尾〉の組み合わせ．活用語尾（表の太字部分）は主語の人称と数に応じて規則的に変化する．

肯定形

je	parle	nous	parl**ons**
tu	parl**es**	vous	parl**ez**
il	parle	ils	parl**ent**
elle	parle	elles	parl**ent**

否定形

je	ne	parle	pas	nous	ne	parl**ons**	pas
tu	ne	parl**es**	pas	vous	ne	parl**ez**	pas
il	ne	parle	pas	ils	ne	parl**ent**	pas
elle	ne	parle	pas	elles	ne	parl**ent**	pas

§2 動詞 avoir の活用（直説法現在）

avoir は「持っている」を意味する不規則動詞．年齢や身体の状態をいうときにも用いる．

肯定形

j'	**ai**	nous	**avons**
tu	**as**	vous	**avez**
il	**a**	ils	**ont**
elle	**a**	elles	**ont**

否定形

je	n'**ai**	pas	nous	n'**avons**	pas
tu	n'**as**	pas	vous	n'**avez**	pas
il	n'**a**	pas	ils	n'**ont**	pas
elle	n'**a**	pas	elles	n'**ont**	pas

§3 疑問文

Oui, Non で答えられる疑問文は次の 3 つの方法で作る．

1 **イントネーションをかえる．**

Vous parlez français ? ⤴ — Oui, je parle français.

Elle a faim ? ⤴ — Oui, elle a faim.

2 **文頭に est-ce que（est-ce qu'）をつける．**

Est-ce que vous parlez français ? — Non, je ne parle pas français.

Est-ce qu'elle a faim ? — Non, elle n'a pas faim.

3 **主語と動詞を倒置し，トレ・デュニオン（trait d'union）でつなぐ．**

Parlez-vous français ? — Oui, je parle français.

A-t-elle faim ? — Oui, elle a faim.

※ 3 人称単数で，動詞の語尾が -t, -d 以外のときは，動詞と主語の間に -t- を入れる．

主語が名詞のときは代名詞を使って倒置する（複合倒置）．Marie est-**elle** française ?

答えるときは Oui / Non を使うが，否定の疑問文に肯定で答えるときには Si を使う．

Elle ne parle pas français ? — **Si**, elle parle français.

 **Exercices**

1 travailler, habiter の直説法現在の肯定形，否定形を書きなさい．エリジオンに注意.

travailler

肯定形
je
tu
il travaille
nous
vous
ils

否定形
je ne travaille pas
tu
il
nous
vous
ils

habiter

肯定形
j'
tu habites
il
nous
vous
ils

否定形
je
tu
il n'habite pas
nous
vous
ils

2 avoir の直説法現在形を書きなさい.

(1) J' (　　　　　　) vingt ans.　　　(2) Tu (　　　　　　) raison.

(3) Il (　　　　　　) sommeil.　　　(4) Ils (　　　　　　) quel âge ?

(5) Quel âge (　　　　　　)-vous ?　　(6) Elle (　　　　　　) dix-huit ans.

(7) Elles (　　　　　　) froid.　　　(8) Nous (　　　　　　) faim.

3 次の文を，それぞれ①est-ce que を使った疑問文，②倒置疑問文にしなさい.

(1) Vous avez soif ?　　①＿＿＿＿＿＿＿＿＿＿＿＿＿＿＿＿＿＿＿＿

　　　　　　　　　　　②＿＿＿＿＿＿＿＿＿＿＿＿＿＿＿＿＿＿＿＿

(2) Elle est étudiante ?　①＿＿＿＿＿＿＿＿＿＿＿＿＿＿＿＿＿＿＿＿

　　　　　　　　　　　②＿＿＿＿＿＿＿＿＿＿＿＿＿＿＿＿＿＿＿＿

(3) Il parle français ?　①＿＿＿＿＿＿＿＿＿＿＿＿＿＿＿＿＿＿＿＿

　　　　　　　　　　　②＿＿＿＿＿＿＿＿＿＿＿＿＿＿＿＿＿＿＿＿

4 問いに対して適当な答え方を選びなさい.

(1) Tu n'es pas japonaise ? — [Oui / Si / Non], je suis japonaise.

(2) Est-ce que vous n'êtes pas français ? — [Oui / Si / Non], je ne suis pas français.

Leçon 3 　持ち物をいう ● Vous avez un cahier ?

Unité 1　持ち物をいう　23

Vous avez *un cahier* ?

— Oui, j'ai *un cahier*. / — Non, je n'ai pas de *cahier*.

　持ち物を « une gomme », « des stylos » にかえて練習しよう.

Unité 2　物の名前をいう

Qu'est-ce que c'est ?

　　⎡ — C'est *un cahier*. C'est le cahier de* Paul.
　　⎢ — C'est *une gomme*. C'est la gomme de Paul.
　　⎣ — Ce sont *des stylos*. Ce sont les stylos de Paul.

　物の名前を右から選び，入れかえて練習しよう.

*de：前置詞 ～の（所有）

Unité 3　誰の物かをいう

Ce cahier est à* qui ?

— Il est à *moi*.

　物を « Cette gomme » にかえて練習しよう.

Ces lunettes sont à qui ?

— Elles sont à *moi*.

　物を « Ces ciseaux » にかえて練習しよう.
　持ち主を « toi », « vous », « lui », « elle » にかえて練習しよう.

*à：前置詞 ～のもの（所属）

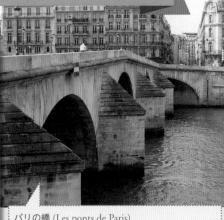

パリの橋 (Les ponts de Paris)
パリを流れるセーヌ川には現在34の橋がかかっている.
それぞれ作られた年やスタイルが異なる.

24

数 (40～100)	
40～60	quarante, quarante et un, quarante-deux, [...], cinquante, cinquante et un, cinquante-deux, [...], soixante, soixante et un, soixante-deux, [...]
70 = 60 + 10	soixante-dix, soixante et onze, soixante-douze, [...]
80 = 20 × 4	quatre-vingts, quatre-vingt-un, quatre-vingt-deux, [...]
90 = 20 × 4 + 10	quatre-vingt-dix, quatre-vingt-onze, quatre-vingt-douze, [...]
100	cent

 **Vocabulaire** 🔊25

●物の名前

男性名詞

 cahier

 crayon

 dictionnaire

 livre

 ordinateur

 parapluie

 sac

 stylo

 téléphone portable

 vélo

 ciseaux (*pl.*)

女性名詞

 chaise

clef

 école

 feuille

gomme

 imprimante

 moto

 table

 trousse

 voiture

 lunettes (*pl.*)

 **Communication** 上のイラストにかかれた物を相手が持っているか，質問してみよう．

例 Tu as une gomme ? — Oui, j'ai une gomme. / Non, je n'ai pas de gomme.

 **Expressions** il y a と前置詞

Il y a une clef sur la table. Il y a un chat sous la table.

Il y a des fleurs dans le vase ? — Non, il n'y a pas de fleurs.

 **Écoute** 絵を見て音声を聞き，音声の内容と絵が合っていれば○を，違って 🔊26 いれば×をカッコに入れよう．

1

2

3

4

( ) ( ) ( ) ( )

 **Grammaire** 🔊27

§1 名詞の性と数

a) フランス語の名詞には必ず性があり，**男性名詞** (*m.*) か**女性名詞** (*f.*) になる.

b) 生物の場合，名詞の性はほぼ自然の性と一致する. un homme, une femme

c) 男女両性ある名詞は原則として，**女性形＝男性形＋ e**. un étudiant, une étudiant**e**

d) 原則として，**複数形＝単数形＋ s**. des étudiant**s**, des étudiant**es**

> 特殊な複数形：(1) -s, -x, -z → 不変 (例：fils, voix, nez)　(2) -al → -aux (例：journal → journaux)
> (3) -eu, -eau → -eux, -eaux (例：cheveu → cheveux, château → châteaux)

§2 不定冠詞と定冠詞

名詞の前には必ず冠詞などの限定詞がつく．特定されていないものには**不定冠詞**が，特定されたものには**定冠詞**がつく. Qu'est-ce que c'est ? — C'est **un** cahier. C'est **le** cahier de Paul.

不定冠詞

	単数	複数
男性	un	des
女性	une	

定冠詞

	単数	複数
男性	le (l')*	les
女性	la (l')*	

* 母音または無音の h で始まる名詞が後に続くとき

§3 否定の冠詞 de

直接目的語で数量ゼロをあらわすとき，名詞の前に de がつく.

Paul a un livre. → Paul n'a pas **de** livre.「本を持っていない」(本の数量ゼロ)

cf. C'est un livre. → Ce n'est pas **un** livre.「本ではない」(不一致)

§4 指示形容詞

	単数	複数
男性	ce (cet)*	ces
女性	cette	

* 母音または無音の h で始まる名詞が後に続くとき

用法

目の前にあるものを指すときに用いる.
「この／その／あの」という遠近の区別はない.
Cet ordinateur est à moi.
Ces cahiers sont à toi.

§5 人称代名詞 (自立形)

	単数	複数
1人称	moi	nous
2人称	toi	vous
3人称	lui	eux
	elle	elles

用法

1. 独立した形で：**Moi**, je suis japonaise. Et **toi** ?
2. 前置詞の後で：Ces stylos sont à **eux**.
3. être の後で ：C'est **moi** !

 **Exercices**

1 適当な**不定冠詞**を書きなさい.

(1) (　　　　　) feuille (2) (　　　　　) vélo

(3) (　　　　　) crayon (4) (　　　　　) tables

(5) (　　　　　) ciseaux (6) (　　　　　) gomme

2 適当な**定冠詞**を書きなさい.

(1) (　　　　　) dictionnaire (2) (　　　　　) chaise

(3) (　　　　　) lunettes (4) (　　　　　) ordinateur

(5) (　　　　　) voiture (6) (　　　　　) cahier

(7) (　　　　　) école (8) (　　　　　) clefs

3 冠詞に注意して否定文に書きかえなさい.

(1) J'ai une gomme.　→ _____

(2) Elle a un parapluie.　→ _____

4 適当な**指示形容詞**を書きなさい.

(1) (　　　　　) livres (2) (　　　　　) imprimante

(3) (　　　　　) stylo (4) (　　　　　) ordinateur

5 当てはまる人称代名詞（自立形）を書きなさい.

(1) Bonjour. Je m'appelle Takashi. Et (　　　　　) ? — Je m'appelle Sophie.

(2) Ces livres sont à Claire ? — Oui, ils sont à (　　　　　).

(3) Ce sac est à (　　　　　) ? — Oui, il est à moi.

(4) Cette voiture est à Paul et Marie ? — Oui, elle est à (　　　　　).

6 絵に合うよう，（　　）に適語を書きなさい.

(1)　　　　　　　　(2)　　　　　　　　(3)

Il y a des fleurs　　Il y a un chat　　Il y a un sac

(　　　) le vase.　　(　　　) la chaise.　　(　　　) la table.

Leçon 4

家族を紹介する ● Mon père est professeur, ma mère est infirmière.

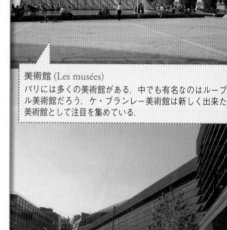

美術館 (Les musées)
パリには多くの美術館がある. 中でも有名なのはルーブル美術館だろう. ケ・ブランレー美術館は新しく出来た美術館として注目を集めている.

Unité 1 両親を紹介する ◉28

Mon père est *professeur*.
Ma mère est *infirmière*.
Mes parents habitent *à Kyoto*.

イタリック部分をかえて, 自分の両親の職業, 住んでいるところを紹介してみよう.

相手の両親についてたずねよう.

Unité 2 兄弟 , 姉妹を紹介する

Mon frère est *grand* et *sportif*.
Ma sœur est *petite* mais très *active*.

イタリック部分をかえて, 自分の兄弟, 姉妹の外見や性格を紹介してみよう.
友だちの兄弟についてたずねよう.

Unité 3 相手についてたずねる

Est-ce que tu es *sportif / sportive* ?
— Non, je ne suis pas très *sportif / sportive*.

イタリック部分をかえて, 相手の性質についてたずねよう. また, 問いかけに答えよう.

Unité 4 友だちがどんな人かをたずねる

Ton ami français, Jacques, il est comment ?
— Il a les cheveux *bruns* et les yeux *verts*.

髪の色, 目の色をいいかえよう
「友だち」を次のようにいいかえよう
1)「君の日本人の友だち, 太郎」 2)「君のアメリカ人の友だち, ジョン」
3)「君のフランス人の友だち, マリー」

 **Vocabulaire** ◉29

● 人を描写する　形容詞 (1)

grand(*e*), petit(*e*), intelligent(*e*), charmant(*e*), élégant(*e*), gai(*e*), joli(*e*), sportif (*ve*), actif (*ve*), mignon(*ne*), gros(*se*), gentil(*le*), *beau*(*belle*), mince, calme, timide, chic

● 職業 (2)

employé(*e*), infirmi*er* (*ère*), ouvri*er* (*ère*), pâtissi*er* (*ère*), institut*eur* (*rice*), act*eur* (*rice*), chant*eur* (*se*), coiff*eur* (*se*), styliste, chauffeur, médecin, écrivain

Vocabulaire 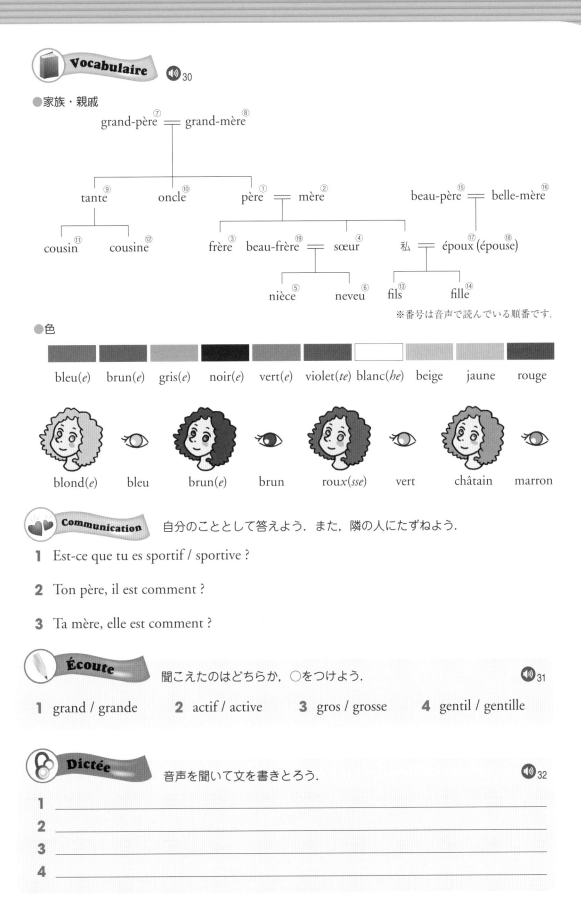 🔊30

●家族・親戚

grand-père ⑦ ═ grand-mère ⑧

tante ⑨ oncle ⑩ père ① ═ mère ② beau-père ⑮ ═ belle-mère ⑯

cousin ⑪ cousine ⑫

frère ③ beau-frère ⑲ ═ sœur ④ 私 ═ époux (épouse) ⑰⑱

nièce ⑤ neveu ⑥ fils ⑬ fille ⑭

※番号は音声で読んでいる順番です.

●色

bleu(e) brun(e) gris(e) noir(e) vert(e) violet(te) blanc(he) beige jaune rouge

blond(e) bleu brun(e) brun roux(sse) vert châtain marron

Communication

自分のこととして答えよう. また, 隣の人にたずねよう.

1 Est-ce que tu es sportif / sportive ?

2 Ton père, il est comment ?

3 Ta mère, elle est comment ?

Écoute

聞こえたのはどちらか, ○をつけよう. 🔊31

1 grand / grande **2** actif / active **3** gros / grosse **4** gentil / gentille

Dictée

音声を聞いて文を書きとろう. 🔊32

1 _____

2 _____

3 _____

4 _____

 **Grammaire** 🔊33

§1　形容詞　女性形は〈男性形＋ **e**〉，複数形は〈単数形＋ **s**〉

原則として修飾する名詞の後ろにつき，その性・数に応じて変化する．

J'ai un sac lourd. J'ai une valise lourd**e**. J'ai des sacs lourd**s**. J'ai des valises lourd**es**.

ただし次のことに注意．

a)　名詞の前に置かれるものがある．

grand, petit, joli, beau, jeune, bon, mauvais, nouveau, vieux, ancien など

※この場合，名詞が複数形になったとき，不定冠詞 des が de にかわるので注意．
C'est un grand appartement. → Ce sont **de** grands appartements.

※位置によって意味がかわるものがある．
un grand homme「偉大な人」/ un homme grand「背の高い人」
un pauvre garçon「憐れな少年」/ un garçon pauvre「貧しい少年」

b)　女性形が〈**男性形＋ e**〉とならないものがある．

-e　→不変	rouge - rouge	-x　→ -se	heureu**x** - heureu**se**
-er → -ère	lég**er** - lég**ère**	-l　→ -lle	genti**l** - genti**lle**
-f　→ -ve	acti**f** - acti**ve**	-en → -enne	parisi**en** - parisi**enne**

※他に特殊な女性形として blan**c** - blan**che**, frais - fra**îche**, long - lon**gue** などがある．

c)　男性複数形が〈**単数形＋ s**〉とならないものがある．（女性複数形は常に〈単数形＋ **s**〉）

-s, -x, -z →不変	affectueu**x** - affectueu**x**	-eau → -eaux	b**eau** - b**eaux**
-al → -aux	nation**al** - nation**aux**		

d)　男性第二形を持つものがある．

母音または無音の h で始まる男性名詞（単数形）の前で形がかわる．

beau → **bel**　　　nouveau → **nouvel**　　　vieux → **vieil**

cf. un **nouvel** hôtel（de nouveaux hôtels）un **bel** homme（de beaux hommes）

これらの形容詞の女性形はこの形からつくる．　une nouvelle maison, une belle fille

§2　所有形容詞

フランス語の所有形容詞は，所有者の性・数に合わせるのではなく，所有される物の性・数に合わせる．

son père　彼の / 彼女のお父さん
sa mère　彼の / 彼女のお母さん

	男性単数	女性単数	複数
je	mon	ma (mon)*	mes
tu	ton	ta (ton)*	tes
il / elle	son	sa (son)*	ses
nous	notre		nos
vous	votre		vos
ils / elles	leur		leurs

*母音または無音の h で始まる名詞が後に続くとき．

1 名詞に合わせて形容詞の形をかえなさい.

(1) intéressant : C'est un film (　　　　　). Ce sont des films (　　　　　).

　　　　　C'est une histoire (　　　　　). Ce sont des histoires (　　　　　).

(2) léger : C'est un sac (　　　　　). Ce sont des sacs (　　　　　).

　　　　　C'est une valise (　　　　　). Ce sont des valises (　　　　　).

(3) beau : C'est un (　　　　　) garçon. Ce sont de (　　　　　) garçons.

　　　　　C'est un (　　　　　) hôtel. Ce sont de (　　　　　) hôtels.

　　　　　C'est une (　　　　　) maison. Ce sont de (　　　　　) maisons.

2 例にならって一つの文にしなさい.

(例) Jean / grand → Jean est grand.

(1) Anne / gentil　　　　　→ _____

(2) Jean et Marie / sportif　　→ _____

(3) Florence et Claire / pâtissier → _____

3 名詞の性と数，形容詞の位置に注意しながら，名詞と形容詞をつなぎなさい.

(1) un homme, jeune　　　　→ _____

(2) une fille, sympathique　　→ _____

(3) un hôpital, nouveau　　　→ _____

(4) des hôpitaux, nouveau　　→ _____

(5) une maison, joli　　　　→ _____

(6) des filles, beau　　　　→ _____

4 次の文を，単数形のものは複数形に，複数形のものは単数形にしなさい.

(1) C'est une fille élégante.　　→ _____

(2) Ce sont des hommes sportifs.　→ _____

(3) C'est une petite maison.　　→ _____

(4) Ce sont de jolies fleurs.　　→ _____

5 名詞に（　）内の所有形容詞をつけなさい.

(1) montre (*f.*)（君の，あなたの）　　(4) école (*f.*)（私の，私たちの）

(2) livres (*m.*)（私の，私たちの）　　(5) sac (*m.*)（彼の，彼らの）

(3) cahiers (*m.*)（彼の，彼らの）　　(6) lunettes (*f.*)（君の，あなたの）

Leçon 5

予定をいう ● Où est-ce que tu vas ?

Unité 1 相手がどこへ行くのかをたずねる 🔊34

Où est-ce que tu vas ?
— Je vais *au cinéma*.

« cinéma » を « café »,« bibliothèque »,« université » にかえて練習しよう。

Unité 2 いつ行くつもりかをたずねる

Quand est-ce que *tu* vas aller *en France* ?
— Dimanche prochain.

« tu » を « vous » や友だちの名前にかえて練習しよう。
« France » を « Japon »、« Chine »、« États-Unis » にかえて練習しよう。

TGV(Le Train à Grande Vitesse)
TGV は日本の新幹線にあたる特急列車。現在、基本となる4路線とその他の路線が整備されている。ユーロスターは、英仏海峡トンネルを抜けてロンドンまで走っている。

Unité 3 相手を誘う

Je vais au concert ce soir. *Tu* viens avec moi ?
— Avec plaisir.

« tu » を « vous » にかえて練習しよう。

Unité 4 週末の予定を提案する

Je viens de finir mes examens. Je vais sortir de Paris.
— Alors, *visitons les châteaux de la Loire* ce week-end.

« visiter les châteaux de la Loire » を « aller à la mer » にかえて練習しよう。

Unité 5 来た場所，行く先をいう

Tu viens de la gare ?
— Oui, j'en viens.
— Non, j'y vais.

« gare » を « café »、« université » にかえて練習しよう。
それぞれに oui と non とで答えてみよう。

 35

●国名

男性名詞(*m.*)　Afghanistan, Canada, Japon, Iran, Portugal, États-Unis (*pl.*),
　　　　　　　　Pays-Bas (*pl.*)

女性名詞(*f.*)　Allemagne, Angleterre, Belgique, Chine, Corée, Espagne,
　　　　　　　　France, Grèce, Inde, Russie, Suède, Suisse, Philippines (*pl.*)

国名と前置詞
①女性名詞の国，母音字で始まる男性名詞の国の場合，前置詞 à + 定冠詞の代わりに en を用いる。
Je vais en France / en Italie / en Iran.

②上の場合，「〜から」の意味のときは前置詞 de だけを用い，定冠詞を省略する。
Je viens de France / d'Italie
「〜の」の意味のときは定冠詞も用いる。
Paris est la capitale de la France.

●場所

男性名詞(*m.*) aéroport, bureau, café, concert, château, cinéma, hôpital, hôtel, marché, parc, restaurant, théâtre, Champs-Élysées (*pl.*)

女性名詞(*f.*) bibliothèque, banque, campagne, église, forêt, gare, mer, pharmacie, poste, université, usine, toilettes (*pl.*)

●週末の過ごし方

rester à la maison, aller au cinéma / au concert / à la mer, / à la campagne, écouter de la musique, regarder la télévision, inviter des amis à dîner, lire un roman

●週 semaine (*f.*)（月曜日から日曜日）

lundi, mardi, mercredi, jeudi, vendredi, samedi, dimanche（すべて男性名詞）

Je vais à la mer **vendredi** prochain. Ce musée est fermé le **lundi** (les **lundis**).

Au revoir. — À **mercredi**.

Communication 自分のこととして答えよう．また，隣の人にたずねよう．

1 Tu viens de déjeuner ?

2 Tu vas rester chez toi ce week-end ?

3 Tu vas à l'université comment ?

4 Tu viens d'où ?

Écoute 聞こえた内容に合う絵を選ぼう． 🔊36

1 _____ 2 _____ 3 _____ 4 _____

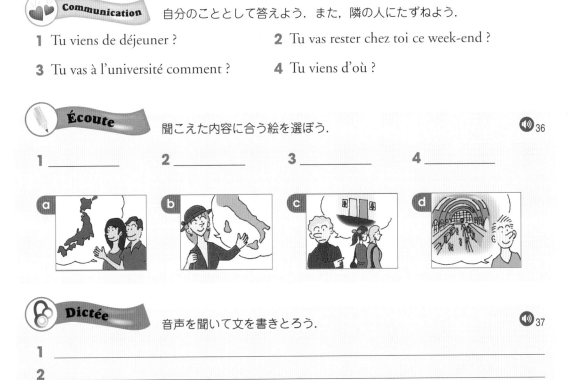

Dictée 音声を聞いて文を書きとろう． 🔊37

1 _____

2 _____

3 _____

4 _____

 **Grammaire** 🔊38

§1 動詞 aller, venir の活用（直説法現在）

aller		venir	
je **vais**	nous **allons**	je **viens**	nous **venons**
tu **vas**	vous **allez**	tu **viens**	vous **venez**
il **va**	ils **vont**	il **vient**	ils **viennent**

§2 近接未来・近接過去

近接未来　**aller** ＋動詞の原形　Je **vais visiter** le musée du Louvre.

近接過去　**venir de** ＋動詞の原形　Il **vient de rentrer** chez lui.

※〈**aller** ＋動詞の原形〉には「～しに行く」の意味もある．　Je vais chercher Paul à la gare.
〈**venir** ＋動詞の原形〉は「～しに来る」の意味を持つ．　Tu viens voir Pierre ?

§3 前置詞と定冠詞の縮約

前置詞 à, de のあとに定冠詞 le, les が来ると，次のように縮約する．

à le → **au**	à les → **aux**
de le → **du**	de les → **des**

Je vais **au** théâtre / **aux** Champs-Élysées.

Je viens **du** théâtre / **des** Champs-Élysées.

※ la, l' のときは縮約せず，そのまま続ける．

§4 命令法

tu, nous, vous の現在形の活用から主語をとる．

Tu chantes. → **Chante** !　Nous chantons. → **Chantons** !　Vous chantez. → **Chantez** !

※単数の活用語尾が -e,-es,-e となる動詞（-er 動詞や ouvrir など）と aller の場合，主語が tu に対する命令法は語尾の -s をとる．**Parle** plus lentement, s'il te plaît.

※ avoir, être の命令法は特殊な形をとる．aie, ayons, ayez / sois, soyons, soyez

§5 中性代名詞 en（1）と y

いずれも動詞の直前に置かれる．

en：de+ 名詞　Tu reviens du Japon ? — Oui, j'**en** reviens.

　　　　　　Ce roman est très intéressant. On **en** parle souvent.

　　　　　　(← On parle souvent de ce roman).

y：1) à + 名詞　Tu vas à l'université cet après-midi ? — Oui, j'**y** vais.

　　　　　　Tu penses à ton examen ? — Oui, j'**y** pense toujours.

　2) 場所を表す前置詞 + 名詞　Il travaille dans ce café ? — Oui, il **y** travaille.

※ en には不特定の名詞，数量を伴う名詞を受ける用法もあるが，それについては次課で述べる．

1 次の文を近接未来，近接過去にしなさい.

(1) Il rentre chez lui.

(2) Nous passons l'examen.

(3) Vous visitez le musée d'Orsay.

(4) Ils voyagent en Europe.

(5) Je vais au concert.

(6) Tu visites les châteaux.

2 当てはまる＜前置詞＋冠詞＞または前置詞を書き入れなさい.

(1) Je vais (　　　) restaurant.

(2) Ils vont (　　　) Champs-Élysées.

(3) Il habite (　　　) Canada.

(4) Ils arrivent (　　　) hôtel.

(5) Nous allons (　　　) banque.

(6) Tu vas (　　　) hôpital ?

(7) Ils viennent (　　　) États-Unis.

(8) Je viens (　　　) bibliothèque.

(9) Il vient (　　　) café.

(10) Tu viens (　　　) France ?

(11) Nous venons (　　　) Canada.

(12) Rome est la capitale (　　　) Italie.

3 次の文を命令文にしなさい.

(1) Tu marches vite !

(2) Vous mangez bien !

(3) Nous allons au cinéma.

(4) Tu vas tout droit !

(5) Vous ne parlez pas de ce problème !

4 (　　　) 内に最も適切な中性代名詞を入れなさい.

(1) Il reste dans sa chambre ? — Oui, il (　　　) reste.

(2) Elles vont à la bibliothèque ? — Non, elles (　　　) reviennent.

(3) Allons au café ! — Oui, allons-(　　　).

(4) Vous pensez à votre avenir ? — Oui, nous (　　　) pensons toujours.

(5) Tu as besoin de ce livre ? — Oui, j'(　　　) ai besoin.

(6) Il va au théâtre ce soir ? — Non, il n'(　　　) va pas.

動詞の活用を覚えよう ● Cours supplémentaire

A. 規則動詞

1 | -er 型 🔊39

-er 型

je (j')	—e	nous	—ons
tu	—es	vous	—ez
il	—e	ils	—ent
elle	—e	elles	—ent

marcher

je	marche	nous	marchons
tu	marches	vous	marchez
il	marche	ils	marchent
elle	marche	elles	marchent

-er 型変則

commencer

je	commence	nous	commençons
tu	commences	vous	commencez
il	commence	ils	commencent

manger

je	mange	nous	mangeons
tu	manges	vous	mangez
il	mange	ils	mangent

appeler

j'	appelle	nous	appelons
tu	appelles	vous	appelez
il	appelle	ils	appellent

acheter

j'	achète	nous	achetons
tu	achètes	vous	achetez
il	achète	ils	achètent

préférer

je	préfère	nous	préférons
tu	préfères	vous	préférez
il	préfère	ils	préfèrent

envoyer

j'	envoie	nous	envoyons
tu	envoies	vous	envoyez
il	envoie	ils	envoient

2 | -ir 型

-ir 型

je (j')	—is	nous	—issons
tu	—is	vous	—issez
il	—it	ils	—issent

finir

je	finis	nous	finissons
tu	finis	vous	finissez
il	finit	ils	finissent

 次の動詞の活用を書いてみよう.

obéir, choisir, réussir, réfléchir, rougir

B. 不規則動詞 🔊40

être

je	suis	nous	sommes
tu	es	vous	êtes
il	est	ils	sont
elle	est	elles	sont

avoir

j'	ai	nous	avons
tu	as	vous	avez
il	a	ils	ont
elle	a	elles	ont

aller

je	vais	nous	allons
tu	vas	vous	allez
il	va	ils	vont

venir

je	viens	nous	venons
tu	viens	vous	venez
il	vient	ils	viennent

faire

je	fais	nous	faisons [fəzɔ̃]
tu	fais	vous	faites
il	fait	ils	font

prendre

je	prends	nous	prenons
tu	prends	vous	prenez
il	prend	ils	prennent

boire

je	bois	nous	buvons
tu	bois	vous	buvez
il	boit	ils	boivent

dire

je	dis	nous	disons
tu	dis	vous	dites
il	dit	ils	disent

● **part-ir** 型 / **ouvr-ir** 型

partir

je	pars	nous	partons
tu	pars	vous	partez
il	part	ils	partent

ouvrir

j'	ouvre	nous	ouvrons
tu	ouvres	vous	ouvrez
il	ouvre	ils	ouvrent

※単数人称で語幹末の子音が脱落する ※語尾は -er 型と同じ

 **Exercices** 次の動詞の活用を書いてみよう.

partir 型：sortir, sentir, servir, dormir

ouvrir 型：offrir, souffrir, découvrir

lire

je	lis	nous	lisons
tu	lis	vous	lisez
il	lit	ils	lisent

voir

je	vois	nous	voyons
tu	vois	vous	voyez
il	voit	ils	voient

connaître

je	connais	nous	connaissons
tu	connais	vous	connaissez
il	connaît	ils	connaissent

écrire

j'	écris	nous	écrivons
tu	écris	vous	écrivez
il	écrit	ils	écrivent

mettre

je	mets	nous	mettons
tu	mets	vous	mettez
il	met	ils	mettent

rendre

je	rends	nous	rendons
tu	rends	vous	rendez
il	rend	ils	rendent

※同型：vendre, entendre, attendre, répondre など

recevoir

je	reçois	nous	recevons
tu	reçois	vous	recevez
il	reçoit	ils	reçoivent

croire

je	crois	nous	croyons
tu	crois	vous	croyez
il	croit	ils	croient

craindre

je	crains	nous	craignons
tu	crains	vous	craignez
il	craint	ils	craignent

vivre

je	vis	nous	vivons
tu	vis	vous	vivez
il	vit	ils	vivent

conduire

je	conduis	nous	conduisons
tu	conduis	vous	conduisez
il	conduit	ils	conduisent

falloir

il faut

pleuvoir

il pleut

後ろに動詞の原形をつけて用いることができる．ただし単独で用いることも多い．

	savoir				**pouvoir**		
je	sais	nous	savons	je	peux	nous	pouvons
tu	sais	vous	savez	tu	peux	vous	pouvez
il	sait	ils	savent	il	peut	ils	peuvent

	vouloir				**devoir**		
je	veux	nous	voulons	je	dois	nous	devons
tu	veux	vous	voulez	tu	dois	vous	devez
il	veut	ils	veulent	il	doit	ils	doivent

準助動詞の用法

savoir 「～できる」（能力：～する方法を知っている）

Elle ne **sait** pas nager : elle a deux ans.

pouvoir 「～できる」（可能）「～かもしれない」（可能性）

Je ne **peux** pas nager aujourd'hui : j'ai mal aux jambes.

vouloir

a) 「～したいと思う」

Je veux voyager en Italie.

b) tu, vous を主語にして，「～してくれませんか」（依頼・命令），「～しませんか」（勧誘）

Voulez-vous passer le sel ? — Oui, voilà.

Veux-tu sortir avec nous dans deux heures ? — D'accord.

cf. Voulez-vous encore du café ? — Non, merci.

devoir 「～しなければならない，すべきだ」

Il doit finir ses devoirs avant cinq heures.

cf. Je dois cinquante euros à mon père.

表現を勉強しよう ● En vacances

 身体の不具合をいう　🔊43

💬「〜が痛い」　avoir mal à ...

Où as-tu mal ?　　— J'ai mal　à la tête.
　　　　　　　　　　　　　　　à l'estomac.
　　　　　　　　　　　　　　　au ventre.
　　　　　　　　　　　　　　　aux dents.

●身体の部位を表す語彙（青：男性名詞，赤：女性名詞）

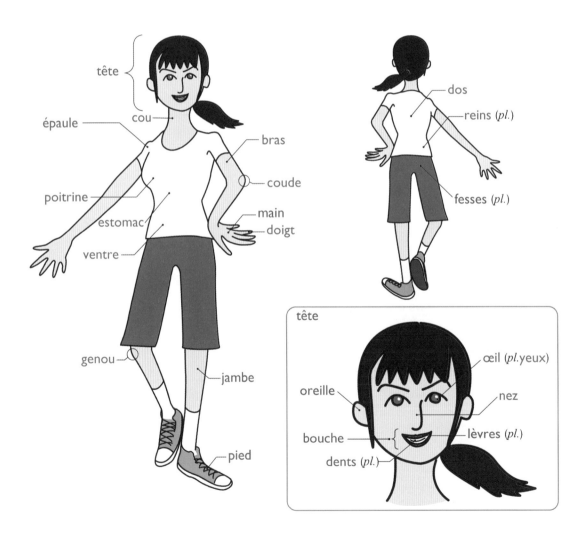

道をたずねる 🔊 44

Pardon, Mademoiselle.

Excusez-moi, je cherche la poste. / Où est la poste, s'il vous plaît ?

— Vous allez tout droit, et vous prenez la deuxième rue à gauche.

La poste est sur votre droite, en face du cinéma.

● 道案内の表現

aller tout droit, aller jusqu'au carrefour, continuer, prendre la première rue
à droite, tourner à droite / à gauche, traverser le pont

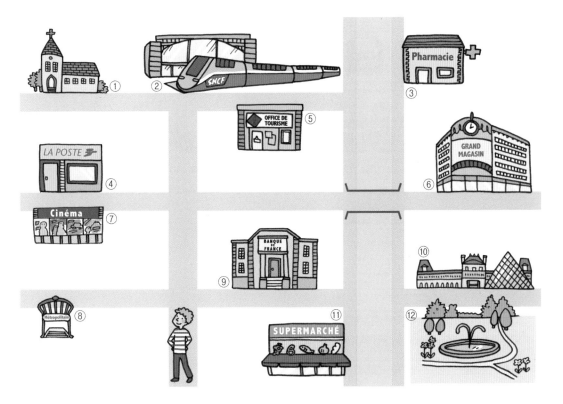

① l'église ② la gare ③ la pharmacie ④ la poste ⑤ l'office de tourisme
⑥ le grand magasin ⑦ le cinéma ⑧ la station de métro ⑨ la banque
⑩ le musée ⑪ le supermarché ⑫ le parc

位置関係の表現 🔊45

💬 どこに何があるかたずねる

Qu'est-ce qu'il y a ?
— Il y a une assiette, un vase et un chat.
　 Dans le vase, il y a des fleurs.
Où est le chat ?
— Il est à côté du vase.

💬 位置関係を表す前置詞

Où est le chat ?

　　sur　　　　sous　　　 devant　　　 derrière　　　 dans

　entre　　　à droite（de）　à gauche（de）　en face（de）

 さまざまな否定表現 🔊46

ne...plus 「もはや〜ない」
Elle **n'**est **plus** jeune.

ne ... jamais 「一度も〜ない」「決して〜ない」
Claire **n'**a **jamais** été en Allemagne.

ne ... que ... 「〜しか〜ない」
Monsieur et Madame Dupont **n'**ont **qu'**un enfant.
※厳密には否定ではなく限定．よって不定冠詞等は de にかわらない．

ne ... ni ... ni... 「〜も〜も〜ない」
Elle **ne** boit **ni** café **ni** thé.

personne（**ne** とともに）「誰も〜ない」
Il y a quelqu'un dehors ? — Non, il **n'**y a plus **personne**.
Personne n'est venu aujourd'hui.

rien（**ne** とともに）「何も〜ない」
Vous avez encore quelque chose à faire? — Non, je **n'**ai **rien**.
Ça **ne** fait **rien.**（慣用表現）

買い物をする 🔊47

💬 市場などで

Je voudrais *un kilo de bœuf,* s'il vous plaît. / *Un kilo de bœuf,* s'il vous plaît.

💬 値段をたずねる

Ça coûte combien ? / Ça fait combien ? / C'est combien ? / Je vous dois combien ?

💬 百貨店などで買い物をする

Vous cherchez quelque chose ?

— Je cherche *une veste.* / Je voudrais *un sac.* / Je voudrais acheter *un pantalon.*

💬 サイズをいう

Quelle pointure cherchez-vous ? — Je cherche *le* 36.　　　　（靴の場合）

Quelle taille faites-vous ? — Je fais *du 38.* / Je ne sais pas. Je fais *du 9* au Japon.

Ce pantalon est à ma taille.　　　　（服の場合）

💬 支払いをする

Je paie par carte / par chèque.　　　（カードで／小切手で）

Je voudrais demander la détaxe.　　　（免税を頼む）

●日本とフランスのサイズの表記

男性用スーツ・コート・セーターサイズ

日本	S	M	L
フランス	38・40	42・44	46・48

女性用服のサイズ

日本	7	9	11	13	15
フランス	36	38	40	42	44

靴のサイズ

日本	22	22.5	23	23.5	24	24.5	25	25.5	26	26.5	27
フランス	34	35	36	37	38	39	40	41	42	43	44

Leçon 6

食事をする ● Qu'est-ce qu'on mange ce soir ?

Unité 1　食べたい物をいう　●48

Qu'est-ce qu'on mange ce soir ?
— Je voudrais* bien manger *du bœuf*.

« bœuf » を « poisson », « porc », « viande » にかえて練習しよう.
*vouloir の条件法現在

Unité 2　好きな物，嫌いな物をたずねる

Tu aimes *le fromage* ?
— Oui, j'adore ça.

« fromage » を « poisson », « glace », « pomme » にかえて練習しよう.

Unité 3　買い物をする

Combien de *bœuf* est-ce que *tu* prends ?
— J'en prends *1 kilo*.

買う物，量をかえて練習しよう.
« tu » を « vous » や友だちの名前にかえて練習しよう.
買う物，量を次のようにいいかえよう.

1) ジャガイモ，2キロ　　2) ワイン，3本　　3) 豚肉，200グラム

Unité 4　自分の飲む物をいう

（カフェに複数で訪れて…）
Qui veut *du café* ?
— Moi, je n'aime pas *le café*. Je bois *du thé*.

« café » を « thé », « bière », « eau » にいいかえよう.
それに対して自分の好みを答え，飲みたいものをいってみよう.

Unité 5　友だちの好きな物を確認する

Tu sais *que Marie adore le roquefort* ?
— Oui, je le sais. — Non, je ne le sais pas.

イタリックの部分の人，好きなものを次のようにかえて練習しよう.

1) ポール，ワイン　　2) ジャン，ビール　　3) マリー，りんご

市場 (Le marché)
特定の曜日になると市がたつ. 市場では野菜や果物のほか，肉・魚・乳製品などが売られている. しかもどれも量り売り. 希望の量をいって買い求める. スーパーも増えたが，こうした昔ながらのやり方も生き続けている.

● 好みのいい方

j'adore / j'aime beaucoup / j'aime bien / je préfère / je n'aime pas / je déteste

※ 好みをいうとき，後には定冠詞＋名詞が続く（この定冠詞は総称の意味を持つ）. このとき，数えられる名詞は複数形，数えられない名詞は単数形で用いられる.

J'aime le poisson.（魚肉）/ J'aime les poissons.（生き物）J'aime les oranges.

 **Vocabulaire** 　●49

● 食べ物・飲み物

男性名詞（*m.*）bœuf, poulet, porc, jambon, poisson, pain, riz, beurre, fromage, gâteau, fruit, ananas, raisin, œuf, légumes（*pl.*）, café, thé, lait, vin, jus d'orange / de pomme

女性名詞（*f.*）confiture, glace, viande, soupe, huile, fraise, orange, poire, pomme, pomme de terre, tomate, bière, eau

●数量表現

un kilo de / deux cents grammes de / une livre de / un litre de ;

beaucoup de / trop de / un peu de / un tout petit peu de ;

une tranche de / un morceau de / une tasse de / un verre de / une bouteille de

自分のこととして答えよう．また，隣の人にたずねよう．

1 Qu'est-ce que tu manges le matin ?

2 Qu'est-ce que tu veux manger ce soir ?

3 Qu'est-ce que tu aimes comme fruit ?

疑問副詞を用いた表現

quand	:	**Quand** est-ce que tu vas finir ton travail ? — Demain.
où	:	**Où** allez-vous ? — Je vais à la banque.
comment	:	**Comment** rentrez-vous ? — Je rentre à pied / en voiture.
combien	:	**Combien** de pommes est-ce que tu vas acheter ? — Deux kilos.
		C'est **combien** ? — C'est 15 euros.
pourquoi	:	**Pourquoi** aimes-tu Paul ? — Parce qu'il est gentil.

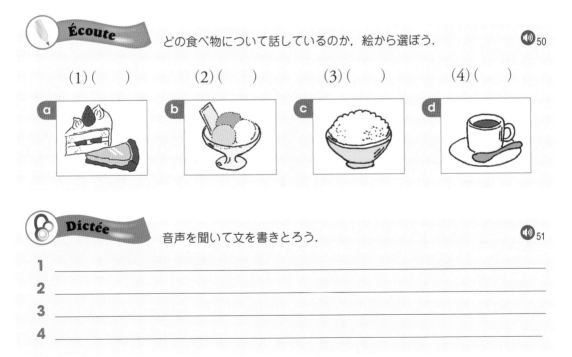

Écoute どの食べ物について話しているのか，絵から選ぼう. 🔊50

(1) (   )　　(2) (   )　　(3) (   )　　(4) (   )

a   b   c   d

Dictée 音声を聞いて文を書きとろう. 🔊51

1 _____

2 _____

3 _____

4 _____

§1 部分冠詞

物質名詞，抽象名詞など，個数で数えられない物の前につく．

男性名詞	du (de l')*	Tu as **du** courage.　Vous avez **de l'**argent ?
女性名詞	de la (de l')*	J'ai **de la** chance !　Elle achète **de l'**huile.

* 母音または無音の h で始まる名詞が後に続くとき.

否定文で直接目的語として用いられるときは de にかわる.

Je n'ai pas **de** chance.

§2 疑問代名詞

	主語	直接目的語	前置詞を伴う場合
人	qui est-ce qui qui	qui est-ce que qui	前置詞＋qui
物	qu'est-ce qui	qu'est-ce que que	前置詞＋quoi

Qui est-ce qui habite ici ?　　— C'est Jean.

Qu'est-ce qui se passe* ?　　— Un accident de voiture !

Qui est-ce que vous cherchez ?　　— Je cherche Olivier.

Qu'est-ce que vous cherchez ?　　— Je cherche mes lunettes.

Tu es **avec qui** ?　　— Avec Guillaume.

Vous mangez du riz **avec quoi** ?　　— Avec des baguettes.

*se passer
　　〜が起こる

§3 中性代名詞 en (2) と le

いずれも動詞の直前に置かれる.

en　a) 不定冠詞，部分冠詞がつく名詞を受けて：

J'ai *des stylos*. → J'**en** ai.　Je mange *du pain*. → J'**en** mange.

b) 数詞がつく名詞を受けて：

J'achète cinq *croissants*. → J'**en** achète cinq.

c) 数量表現のあとに続く〈de ＋名詞〉を受けて：

Il mange beaucoup *de viande*. → Il **en** mange beaucoup.

le　a) 無変化

b) 補語となる名詞・形容詞，直接目的語となる節・不定詞にかわる.

Tu es étudiant ? — Oui, je **le** suis.

Elle n'est pas riche, mais elle veut **l'**être.

Claire aime Paul, mais il ne **le** sait pas du tout.

　　　　　(= ..., mais il ne sait pas du tout que Claire aime Paul.)

Exercices

1 (　　) に適切な冠詞を入れなさい.

(1) Il déteste (　　　　) tomates.　　(2) Elles aiment bien (　　　　) thé.

(3) Il boit (　　　) vin.　　(4) Il veut (　　　) eau.

(5) Tu veux (　　　) confiture ?　　(6) Je ne mange pas (　　　) fromage.

(7) Je n'aime pas (　　　) thé.　　(8) Tu ne veux pas (　　　) eau ?

2 問いに対し, 次のもので答えなさい.

(1) Qu'est-ce que tu aimes ?

   (a) イチゴ　　(b) オレンジジュース　　(c) 肉　　(d) たまご

(2) Qu'est-ce qu'on va acheter ?

   (a) サーロインステーキ (faux-filet), 3 切れ　　(b) 赤ワイン, 2 本

   (c) コーヒー, 300 グラム　　(d) ジャガイモ, 6 コ

3 左の質問の答えを右の中から選び, 線で結びなさい.

(1) Qui est-ce qui arrive ? ·　　　　　　　　　· (a) J'aime Paul.

(2) Qu'est-ce que tu aimes ? ·　　　　　　　　· (b) C'est Paul.

(3) Qu'est-ce qui va bien avec le fromage ? ·　　· (c) C'est du vin rouge.

(4) Qui est-ce que tu aimes ? ·　　　　　　　　· (d) J'aime la glace.

4 中性代名詞を用いて答えなさい.

(1) Combien de pommes est-ce que tu achètes ? (deux kilos)

(2) Combien de vin est-ce que tu bois tous les jours ? (un verre)

(3) Combien de croissants est-ce que tu manges ? (deux)

(4) Tu es heureux ? (Oui で答える)

(5) Vous savez qu'Anne n'aime pas les gâteaux ? (Non で答える)

5 左の質問の答えを右の中から選び, 線で結びなさい.

(1) Tu vas à la fac comment ?　　　　　　　　(a) Au marché.

(2) Quand est-ce que vous mangez du fromage ?　(b) Parce qu'elle est malade.

(3) Combien êtes-vous dans votre famille ?　　　(c) En vélo.

(4) Où est-ce que tu achètes de la viande ?　　　(d) On est quatre.

(5) Elle ne vient pas pourquoi ?　　　　　　　(e) Avant le dessert.

Leçon 7 日課をいう ● Quel est votre emploi du temps ?

Unité 1 日課をいう  53

Quel est ton emploi du temps ?
— Je *me lève* à 7 heures et je *me couche à* 22 heures.

自分の起きる時間，寝る時間をいってみよう．

« je » を « vous », « il » にかえて練習しよう．

Unité 2 時間をいう (1)

Quelle heure est-il ?
— Il est *3 heures et demie*.
— Ah, il faut *partir tout de suite* !

イタリック部分を次のようにかえて練習しよう．

1) 7 時半，起きる　　2) 8 時 45 分，電車に乗る　　3) 18 時，家に帰る

Unité 3 時間をいう (2)

Tu *finis le travail* à quelle heure ?
— À 17 heures.

イタリック部分を次のようにかえて練習しよう．

1) « prendre le petit déjeuner », 7 時半　2) « aller à l'université », 8 時半

3) « déjeuner », 12 時　　　　　　　4) « faire des courses », 16 時

« tu» を « vous » や友だちの名前にかえて，上の例で練習しよう．

Unité 4 天気をいう

Quel temps fait-il ?　— *Il fait beau.*

イタリック部分を次のようにかえて練習しよう．

1) 暑い　　2) 寒い　　3) 天気が悪い　　4) 雨　　5) くもり　　6) 雪

Unité 5

Dépêche-toi !
— Mais il reste encore 5 minutes.

« se dépêcher » を « se lever » にかえて練習しよう．

« toi » を « vous » にかえて練習しよう．

カフェ (Le café)
カフェがパリに初めて登場したのは，1672 年のこと．その後 1686 年にイタリア人プロコピオが開店させた "カフェ・プロコップ" が有名になり，街中に広がっていった．19 世紀初頭までにパリには 2000 軒近くのカフェが運営されていた．

Vocabulaire

● 天候のたずね方，いい方

Quel temps fait-il ?　— Il fait beau. / mauvais. / chaud. / froid. / doux. / frais.
　　　　　　　　　— Il pleut. / Il neige. / Il y a de l'orage. / Il y a des nuages.

● 日課

se lever (tôt/tard), prendre le petit déjeuner, aller à l'université, assister aux cours, finir les cours, déjeuner, dîner, faire du sport / du football, faire la cuisine, faire des courses, travailler, prendre le train, parler au téléphone, se coucher

● 時間のたずね方，いい方

Quelle heure est-il ? Il est … .

une heure dix

deux heures et quart

trois heures et demie

quatre heures moins le quart

midi/minuit

 Expressions　時刻の表現

Il est quelle heure ? / Tu as (Vous avez) l'heure ? — Il est midi et quart.

Le train de Strasbourg arrive à quelle heure ? — À 22h57 (vingt-deux heures cinquante-sept).

※午前3時と午後3時などを区別するために，以下の表現を末尾につけることがある.

du matin (午前1時〜11時ごろ) / de l'après-midi (午後1時〜4時ごろ) / du soir (午後5時〜11時ごろ)

※列車の発着時刻やスケジュール表等の場合24時制を用いることも多い．この場合は，et quart / demie, moins 〜は用いず，分をそのまま数字で表す.

21:15 → neuf heures et quart (du soir) （12時制）/ vingt et une heures quinze（24時制）

 **Communication**　自分のこととして答えよう．また，隣の人にたずねよう．

1 D'habitude, tu finis tes cours à quelle heure ?

2 Qu'est-ce que tu fais le week-end quand il fait beau ?

3 Qu'est-ce que tu fais après tes cours ?

Écoute　音声の内容と絵が合っていれば○を，違っていれば×を（　　）に入れよう. 🔊54

（　　　　）

（　　　　）

（　　　　）

（　　　　）

Dictée　音声を聞いて文を書きとろう. 🔊55

1 ＿＿＿＿＿＿＿＿＿＿＿＿＿＿＿＿＿＿＿＿＿＿＿＿＿＿＿＿＿＿＿＿＿

2 ＿＿＿＿＿＿＿＿＿＿＿＿＿＿＿＿＿＿＿＿＿＿＿＿＿＿＿＿＿＿＿＿＿

3 ＿＿＿＿＿＿＿＿＿＿＿＿＿＿＿＿＿＿＿＿＿＿＿＿＿＿＿＿＿＿＿＿＿

4 ＿＿＿＿＿＿＿＿＿＿＿＿＿＿＿＿＿＿＿＿＿＿＿＿＿＿＿＿＿＿＿＿＿

Grammaire 🔊56

§1 代名動詞

主語と同じ人・ものを受ける再帰代名詞といっしょに用いられる動詞.

1 活用

se lever の直説法現在

je	**me**	lève	nous	**nous**	levons
tu	**te**	lèves	vous	**vous**	levez
il	**se**	lève	ils	**se**	lèvent

※ lever：立ち上げる→ se lever：起きる

2 用法

a) 再帰的：Je **me lève**.　Je **me lave** les mains.

b) 相互的：Paul aime Claire. Claire aime Paul. → Ils **s'aiment**.

　Jacques téléphone à Marie. Marie téléphone à Jacques. → Ils **se téléphonent**.

c) 受動的：主語はもの.

　Ce roman **se vend** bien.　Ce gâteau ne **se fabrique** plus dans cette région.

d) 本来的：代名動詞でしか用いられないもの.

　Je **me souviens** bien de ces jours-là. Il **se moque** de moi.

　　※目的語に当たる部分（活用表の太字の部分）が，直接目的語か間接目的語かに注意する.
　　※命令文にするときは，再帰代名詞の部分を自立形にして，動詞のあとに続ける.　Dépêche-toi !

§2 疑問形容詞

	単数	複数
男性	quel	quels
女性	quelle	quelles

Quel temps fait-il ?　**Quels** pays aimez-vous ?

Quelle est votre profession ?　**Quelles** fleurs aimes-tu ?

※例のように，quel (quelle, quels, quelles) の直後に名詞が来る場合と，être が来る場合とがある.
※感嘆文にも用いられる.　Quelle jolie maison tu as !

§3 非人称構文

il を形式上の主語とする.　天候，時間の表現以外に，次のようなものがある.

Il y a	**Il y a** de la bière dans le frigo.
Il arrive	**Il arrive** des accidents !
Il reste	**Il reste** encore un peu de vin.
Il est ＋形容詞＋ de ＋不定詞	**Il est** facile **de** parler français.
Il faut	**Il faut** travailler !　Il me **faut** du lait et des œufs.

※天候，時間については vocabulaire を参照

 **Exercices**

1 （　　）に入る最も適切な語を答えなさい.

(1) Je (　　　) réveille à 6 heures.

(2) Demain, tu vas (　　　) lever à quelle heure ?

(3) Tu (　　　) appelles comment ?　— Je (　　　) appelle Taro YAMADA.

(4) Paul et Marie (　　　) regardent.

(5) Lave-(　　　) bien les mains.

(6) Dépêchons-(　　　) !　— Non, nous avons encore le temps.

2 次の時間をフランス語で書きなさい.

(1) 正午 　　　　　　　　　(2) 3 時 15 分

(3) 5 時半 　　　　　　　　(4) 8 時 15 分前

(5) 9 時 10 分

3 疑問形容詞 quel を適切な形にして（　　）に入れなさい.

(1) (　　　　) sport fais-tu ?　　　　(2) (　　　　) couleur aimes-tu ?

(3) (　　　　) est votre nom ?　　　　(4) (　　　　) âge avez-vous ?

(5) (　　　　) saison aimez-vous ?　　(6) (　　　　) sont tes films préférés ?

(7) (　　　　) sont ces fleurs ?　　　(8) (　　　　) est votre adresse ?

(9) De (　　　　) nationalité êtes-vous ?　(10) (　　　　) hasard !

4 日本語に合わせて（　　）に適切なフランス語を入れなさい.

(1) Il (　　　　) intéressant de voir des films français.　フランス映画を見るのは面白い.

(2) Il (　　　　) trop manger.　　　　　　　　　食べ過ぎてはいけない.

(3) En été, il (　　　　) très chaud à Osaka.　　夏，大阪はとても暑い.

(4) Il (　　　　) beaucoup de monde à Tokyo.　　東京は人が多い

5 次の文をフランス語にしなさい.

(1) あなたは何時に起きますか？

(2) まだ 1 時間残っています.

(3) 冷蔵庫に牛乳がある.

(4) 9 時に銀行へ行かなくてはいけない.

Leçon 8

人や物をいいかえる ● Tu l'aimes ?

Unité 1 探し物を確かめる 🔊57

Vous cherchez *votre bague* ?
— Oui, je *la* cherche.

右ページの vocabulaire を参考にして，« votre bague » を他の語にかえて練習しよう．

Unité 2 電話の相手を確かめる

Tu téléphones *à Jean* ?
— Non, je ne *lui* téléphone pas.

« à Jean » を « à tes parents » にかえて練習しよう．

Unité 3 誰の持ち物か確かめる（1）

C'est *ton sac* ?
— Non, c'est *celui* de Jean.

« ton sac » を « ta bague » にかえて練習しよう．

Unité 4 誰の持ち物か確かめる（2）

C'est *votre montre* ?
— Oui, c'est *la mienne*.

« Votre montre » を 他の物にかえて練習しよう．

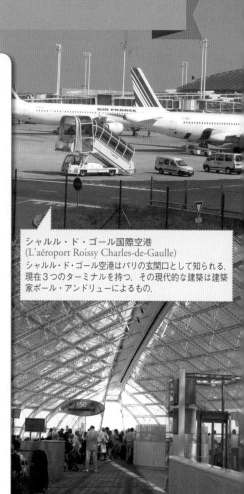

シャルル・ド・ゴール国際空港
(L'aéroport Roissy Charles-de-Gaulle)
シャルル・ド・ゴール空港はパリの玄関口として知られる．
現在3つのターミナルを持つ．その現代的な建築は建築
家ポール・アンドリューによるもの．

 **Grammaire** 🔊58

● 目的語人称代名詞

主語	直接目的語	間接目的語	主語	直接目的語	間接目的語
je (j')	me (m')		nous	nous	
tu	te (t')		vous	vous	
il	le (l')	lui	ils	les	leur
elle	la (l')		elles		

● 所有代名詞（常に定冠詞とともに用いる）

			所有されるもの			
			男性単数	女性単数	男性複数	女性複数
所有者	単数	je	le mien	la mienne	les miens	les miennes
		tu	le tien	la tienne	les tiens	les tiennes
		il / elle	le sien	la sienne	les siens	les siennes
	複数	nous	le nôtre	la nôtre	les nôtres	
		vous	le vôtre	la vôtre	les vôtres	
		ils / elles	le leur	la leur	les leurs	

 **Vocabulaire**

●衣類，小物など

男性名詞

 costume 　 T-shirt 　 jean 　 pantalon 　 blouson

 portefeuille 　 mouchoir 　 collier 　 bracelet 　 chapeau 　 gants (*pl.*)

女性名詞

 veste 　 jupe 　 robe 　 chemise 　 montre

 bague 　 cravate 　 ceinture 　 chaussettes (*pl.*) 　chaussures (*pl.*) 　 bottes (*pl.*)

Dictée 　音声を聞いて絵を選び，文を書きとろう. 59

1 　(　　) ＿＿＿＿＿＿＿＿＿＿＿＿＿＿＿＿＿＿＿＿＿＿＿＿＿＿＿

2 　(　　) ＿＿＿＿＿＿＿＿＿＿＿＿＿＿＿＿＿＿＿＿＿＿＿＿＿＿＿

3 　(　　) ＿＿＿＿＿＿＿＿＿＿＿＿＿＿＿＿＿＿＿＿＿＿＿＿＿＿＿

4 　(　　) ＿＿＿＿＿＿＿＿＿＿＿＿＿＿＿＿＿＿＿＿＿＿＿＿＿＿＿

 a 　 b 　 c 　 d

(　　) 　　　(　　) 　　　(　　) 　　　(　　)

Grammaire 🔊60

§1 目的語人称代名詞 (p.48) の位置

1. **動詞の直前に置く**．ただし肯定命令文では動詞のあとに置きトレ・デュニオンでつなぐ．この場合 me, te は自立形 moi, toi を用いる．

   Je **vous** aime.　　Je **t'**obéis.　　Ne **me** quitte pas.　　Téléphone-**moi**.

2. **直接・間接目的語の代名詞を同時に使う場合の語順**．
   a) 肯定命令文以外

   （主語）＋（ne）

間接目的語 （1, 2人称）	＋	直接目的語 （3人称）
me te nous vous		le la les

lui leur

直接目的語 （3人称）	＋	間接目的語 （3人称）

   （y）（en）＋（助）動詞＋（pas）

   b) 肯定命令文

   動詞（命令法）― 直接目的語 ― 間接目的語　※各要素はトレ・デュニオンでつなぐ．

   Tu me montres la photo. → Montre-**la-moi**.

§2 所有代名詞 (p.48)

同じ名詞で所有者が違う場合に，名詞の繰り返しをさけるために用いる．

C'est mon chien. **Le tien**, il est où ?

§3 指示代名詞

1. **性・数による変化をしないもの**
   a) ce: être の主語として用いる．
   C'est une pomme.　　**Ce** sont les enfants de Madame Victoire.
   b) cela / ceci 具体的なものの名前が不明のときや，いう必要がないときに用いる．普通 cela を用いるが，遠近を区別するときは，近いものに ceci を使う．
   J'aime **cela**.　　Je préfère **ceci** à **cela**.
   c) ça: 日常的な表現で cela に代わって用いられるが，慣用的表現もある．
   C'est **cela** / **ça**.　　**Ça** va ?　　**Ça** y est.

2. **性・数によって変化するもの**

	単数	複数
男性	celui	ceux
女性	celle	celles

   ※遠近を対比する場合は celui-ci, celui-là などとする．

   名詞の繰り返しをさける．ふつう〈**celui de** ＋名詞〉のように限定されて用いられる．

   Ce n'est pas la voiture de Pierre, mais c'est **celle de** Jeanne.

 **Exercices**

1 下線部の直接目的語を人称代名詞にして全文を書きかえなさい.

(1) Elle regarde <u>Paul</u>.
(2) Tu invites <u>Marie</u> ?
(3) Vous voyez <u>la maison</u> ?
(4) Pierre attend <u>le train pour Nice</u>.
(5) Ma mère cherche <u>ses bottes</u>.
(6) Je ne connais pas <u>ces femmes</u>.

2 下線部の間接目的語を人称代名詞にして全文を書きかえなさい.

(1) Ils parlent <u>à Michèle</u>.
(2) Vous écrivez <u>à vos parents</u> ?
(3) Les étudiants obéissent bien <u>à leur professeur</u>.
(4) Henri ne téléphone pas souvent <u>à sa petite amie</u>.

3 下線部を人称代名詞にして全文を書きかえなさい.

(1) Je te donne <u>ces fleurs</u>.
(2) Je vous donne <u>ce roman</u>.
(3) Il me donne <u>ce chapeau</u>.
(4) Il donne <u>ce sac</u> <u>à sa sœur</u>.
(5) Vous offrez <u>cette robe</u> <u>à votre mère</u> ?
(6) Ils offrent <u>ces cravates</u> <u>à leur grand-père</u>.

4 以下の命令文について, 下線部を人称代名詞にかえて全文を書きかえなさい.

(1) Fermez <u>la porte</u>.
(2) Obéissez <u>à vos parents</u>.
(3) N'ouvre pas <u>la fenêtre</u>.
(4) Apportez-moi <u>ce journal</u>.

5 例にならって指示代名詞を用いて答えなさい.

(例) C'est la voiture de Jean ? (Pierre) → Non, c'est celle de Pierre.

(1) C'est le portable de ta sœur ? (ma femme)
(2) Ce sont les cravates de votre père ? (mon oncle)
(3) Ce sont les livres de notre professeur ? (mon frère)

6 例にならって所有代名詞を用いて答えなさい.

(例) C'est votre dictionnaire ? → Non, ce n'est pas le mien.

(1) C'est votre appartement ?
(2) C'est la chemise de votre père ?
(3) Ce sont les chaussures de monsieur Blanc ?
(4) Ce sont nos devoirs ?

Leçon 9

過去を語る ● Qu'est-ce que tu as fait hier ?

Unité 1 昨日したことをたずねる ● 61

Hier, qu'est-ce que *tu* as fait ?
— J'ai travaillé.

« tu » を « vous » や « Paul » にかえて練習しよう.

Unité 2 昨晩行ったところについてたずねる

Tu es allé(e) au théâtre hier soir ?
— Oui, j'y suis allé(e).

« tu » を « vous » や « ta sœur » にかえて練習しよう. また, 否定でも
答えてみよう.

« aller au théâtre » のかわりに « arriver à Paris » など, 下の動詞 (複合
過去形で être を助動詞とするもの) を使って練習してみよう.

Unité 3 昨日寝た時刻についてたずねる

Hier, *tu t'es couché(e)* tard ?
— Oui, je me suis couché(e) à une heure.

« tu » を « vous » や « tes parents » にかえて練習しよう. また, 否定で
も答えてみよう.

« se coucher tard » を « se lever tôt » にかえて練習しよう.

パサージュ (Les passages)
パリの街には, ところどころにこのようなガラスのアー
ケードがついた商店街が存在する. 19世紀頃から登場し,
ブティックやカフェなどさまざまな店がたちならぶ商店
街となっている.

Grammaire

● 過去分詞の作り方 (→巻末動詞変化表参照)

-er → -é：visiter → visité (aller も同様：aller → allé)

-ir → -i ：finir → fini (partir 型も同様：partir → parti)

その他：venir → venu, voir → vu, savoir → su, vendre → vendu,
connaître → connu, descendre → descendu, recevoir → reçu,
vivre → vécu, lire → lu, boire → bu など

特殊な変化をするもの：
avoir → eu, être → été, prendre → pris, mettre → mis,
dire → dit, faire → fait, naître → né, mourir → mort, ouvrir → ouvert,
conduire → conduit など

● 複合過去形で être を助動詞とするもの

aller ⇔ venir, entrer ⇔ sortir, arriver ⇔ partir, monter ⇔ descendre, naître ⇔ mourir,
rentrer, rester, devenir, tomber など／すべての代名動詞

 **Vocabulaire**

●時の表現（1）過去

ce matin / cet après-midi / ce soir / cette nuit / hier / avant-hier / ce week-end / cette semaine / le mois dernier / la semaine dernière / l'année dernière / il y a huit jours / il y a cinq ans

●月 **mois**（*m.*）🔊62

janvier	février	mars	avril	mai	juin	juillet	août
septembre	octobre	novembre	décembre				

※すべて男性名詞

Elle est venue au Japon en **janvier**.

Il va en Espagne au mois d'**août**.

 **Expressions**　日付 **date**（*f.*）と年号 **année**（*f.*）

Le combien sommes-nous ? — Nous sommes **le 24**.

Quel jour du mois est-ce aujourd'hui ? — C'est **le 24**.

Quelle est la date de votre naissance ? — **Le 1er* mai 2005***.

Je suis né en 1999.

* 日付を表す場合，1日だけは序数詞を用いる．　C'est le **1er** (premier) **janvier**.

* 年号は基数を用いる．また年号では mille のかわりに mil を用いることがある．

　1999 (mil neuf cent quatre-vingt-dix-neuf またはdix-neuf cent quatre-vingt-dix-neuf)

 **Écoute**

🔊63

音声を聞いて絵を下から選び，それぞれいつのことか日本語で答えよう．

1（　　）＿＿＿＿＿＿＿＿＿＿＿＿＿＿＿＿＿＿＿＿＿＿＿＿＿＿＿＿

2（　　）＿＿＿＿＿＿＿＿＿＿＿＿＿＿＿＿＿＿＿＿＿＿＿＿＿＿＿＿

3（　　）＿＿＿＿＿＿＿＿＿＿＿＿＿＿＿＿＿＿＿＿＿＿＿＿＿＿＿＿

4（　　）＿＿＿＿＿＿＿＿＿＿＿＿＿＿＿＿＿＿＿＿＿＿＿＿＿＿＿＿

 **Grammaire** 🔊64

§1 直説法複合過去 　助動詞（avoir または être）の現在形＋過去分詞

現在からみた過去の事実を表す.

visiter（助動詞は **avoir**）

j'	ai	visité	nous	avons	visité
tu	as	visité	vous	avez	visité
il	a	visité	ils	ont	visité
elle	a	visité	elles	ont	visité

aller（助動詞は **être**）

je	suis	allé(e)	nous	sommes	allé(e)s
tu	es	allé(e)	vous	êtes	allé(e)(s)
il	est	allé	ils	sont	allés
elle	est	allée	elles	sont	allées

1 **助動詞の使い分け**

avoir： 他動詞とほとんどの自動詞

être： 自動詞のうち，主として移動・生成の意味を表す動詞

2 **否定形** 　助動詞を ne ... pas ではさむ

Je **n'**ai **pas** visité le Louvre.

3 **倒置形** 　主語代名詞と助動詞を倒置する

Votre père **est-il** déjà **parti** ?

4 **過去分詞の一致**

a) 助動詞が être のとき，過去分詞は主語の性・数に一致する.

Ma mère est mort**e** à 45 ans.

b) 動詞の直接目的語が過去分詞より前にあるとき，過去分詞は直接目的語の性・数に一致する.

Autrefois je *l'*ai aimé**e**. (← Autrefois j'ai aimé *Anne.*)
※直接目的語人称代名詞が用いられる場合

Combien de *fleurs* avez-vous achet**ées** ?
※直接目的語が疑問詞とともに文頭に置かれる場合

§2 代名動詞の複合過去 　再帰代名詞＋助動詞（être）の現在形＋過去分詞

se promener

je	me suis	promené(e)	nous	nous	sommes	promené(e)s
tu	t'es	promené(e)	vous	vous	êtes	promené(e)(s)
il	s'est	promené	ils	se	sont	promenés
elle	s'est	promenée	elles	se	sont	promenées

1 **助動詞** 　常に être を用いる

2 **否定形** 　ne ＋再帰代名詞＋助動詞＋ pas：Je **ne** me suis **pas** promené ... .

3 **倒置形** 　主語代名詞と「再帰代名詞＋助動詞」を倒置する：**T'es-tu** promené ... ?

4 **過去分詞の一致**

再帰代名詞が直接目的語のとき，過去分詞は，主語（＝再帰代名詞）の性・数に一致する.

Elles se sont couch**ées** tard.

cf. Elle s'est lav**ée**.（s' は直接目的語）/ Elle s'est lavé les mains.（s' は間接目的語）
※本来的代名動詞においては再帰代名詞を直接目的語とみなす.

Elle s'en est souvenu**e**.

1 （　　）内の動詞を複合過去にかえなさい.

(1) Elle (visiter) Notre-Dame hier après-midi.

(2) Dimanche matin, Camille (jouer) au tennis avec Cécile.

(3) Tu (finir) ton travail à quelle heure ?

(4) Mon oncle (acheter) une voiture allemande l'année dernière.

(5) Les étudiants (faire) de la natation de 9 heures jusqu'à midi.

2 過去分詞の一致に注意して（　　）内の動詞を複合過去にかえなさい.

(1) Anne (monter) à la tour Eiffel cet après-midi.

(2) Ils (aller) à la piscine avant-hier.

(3) Ce matin, Jeanne (partir) de chez elle à 6 heures.

(4) Quand est-ce qu'elles (venir) au Japon ?

(5) Mon frère (rester) à la maison toute la journée.

3 助動詞の使い分けに注意して，各文を複合過去にかきかえなさい.

(1) Je rencontre Jean à la gare.

(2) Pierre devient médecin.

(3) La fille tombe de son vélo.

(4) Marie, tu ne prends pas ton petit-déjeuner ?

(5) Lisez-vous ce roman ?

4 過去分詞の一致に注意して，（　　）内の動詞を複合過去にかえなさい.

(1) Jean (se coucher) vers minuit hier.

(2) Une voiture (s'arrêter) devant ma maison.

(3) Elle (s'intéresser) à l'histoire de la Chine.

(4) Les filles (se moquer) de Jacques.

(5) Paul et Marie (se marier) il y a deux ans.

5 過去分詞の一致に注意して，各文を複合過去に書きかえなさい.

(1) Le garçon se cache derrière la porte.

(2) Jeanne ne se lave pas.

(3) Mes parents se promènent dans le parc.

(4) Jeanne et Anne se rencontrent aux Champs-Élysées.

(5) Je ne me souviens pas de l'anniversaire de mon mari.

Leçon 10 人や物についてくらべたり説明したりする
● Paul est plus grand que moi.

Unité 1 2人の背の高さをくらべる 🔊 65

Paul est
$\begin{Bmatrix} \text{plus} & \text{grand} \\ \text{moins} & \text{grand} \\ \text{aussi} & \text{grand} \end{Bmatrix}$
que Jean.

« Paul / Jean » を « tu / moi » や « ma mère / mon père » など自由に
かえて練習しよう.

« grand » を他の形容詞（右ページの vocabulaire「人を描写する形容詞」
参照）にかえて練習しよう.

Unité 2 2人の歩く速さをくらべる

Tu marches
$\begin{Bmatrix} \text{plus} & \text{vite} \\ \text{moins} & \text{vite} \\ \text{aussi} & \text{vite} \end{Bmatrix}$
que moi.

« Tu / moi » を « Claire /Marie » など自由にかえて練習しよう.

« marcher vite » を他の動詞と副詞（右ページの vocabulaire「さまざま
な行為と副詞」参照）にかえて練習しよう.

Unité 3 家族で一番背の高い人は誰かをいう

Ma sœur est
$\begin{Bmatrix} \text{la plus} & \text{grande} \\ \text{la moins} & \text{grande} \end{Bmatrix}$
de ma famille.

«ma sœur » を « mon frère » など自由にかえて練習しよう.

Unité 1 と同様に, « grand » を他の形容詞にかえて練習しよう.

Unité 4 家族で一番早く起きるのは誰かをいう

Ma mère se lève
$\begin{Bmatrix} \text{le plus} & \text{tôt} \\ \text{le moins} & \text{tôt} \end{Bmatrix}$
de ma famille.

Unité 2 と同様に, « se lever tôt » を他の動詞と副詞にかえて練習しよう.

Unité 5 人・ものを説明する

Le garçon qui chante bien, c'est *mon frère.*
J'aime la chanson que *tu* chantes.

イタリック部分をいろいろな人にかえて練習しよう.

Unité 6 ある人物を / が好きなのは誰かをたずねる

C'est *toi* qui aimes *Jean* ?
C'est *Henri* que *tu* aimes ?

イタリック部分をいろいろな人にかえて練習しよう.

モンマルトル (Montmartre)
パリで一番高い丘であり，その昔，ピカソやモディリアー
ニが住んでいた場所として知られる．丘の上にはサクレ・
クール寺院が建ち，そこへのアクセスである階段は映画
の撮影に使われている．

 **Vocabulaire**

●人を描写する形容詞（2）

âgé, aimable, bon*, brave, fort, faible, fin, heureux, malheureux, content, pauvre, riche, svelte, sympathique

●さまざまな行為と副詞

se lever tôt, se coucher tard, marcher vite, parler lentement, finir le travail rapidement, travailler sérieusement, chanter bien*, manger beaucoup*, lire beaucoup* de livres

* 特殊な比較変化をする形容詞，副詞については次頁参照

 **Communication** 例にならい（　）内の語を用いて会話をしてみよう．

1 Tu danses bien. − Non, tu danses mieux que moi.
(chanter, cuisiner, parler français, jouer du piano)

2 Tu manges beaucoup. − Non, tu manges plus que moi.
(boire, travailler, lire beaucoup de livres, avoir beaucoup d'argent)

3 Ton vélo est très bon. − Non, le tien est meilleur que le mien.
(voiture, ordinateur, bottes, gants)

 **Expressions** 絵を参考にして，比較表現を用いた文をできるだけたくさんいってみよう．

Pierre court moins vite que Jean. / C'est Jean qui court le plus vite de tous.

 **Écoute** 絵を見て音声を聞き，音声の内容と絵が合っていれば○を，違っていれば×を（　）に入れよう． 66

(　　　)

(　　　)

(　　　)

(　　　)

§1 比較

1 比較級

優等：	plus						
同等：	aussi	+	形容詞 (e)(s) 副詞	+	que	+	比較の対象
劣等：	moins						

Jean est **plus** grand **que** Marie.

Marie est **aussi** heureuse **que** son mari.

Mon père rentre **moins** tôt **que** moi.　※ que の後で人称代名詞を単独で用いる際は自立形

2 最上級

定冠詞 （所有形容詞）	+	plus moins	+	形容詞 (e)(s)	+	de	+	比較の範囲

le (不変)	plus moins	+	副詞	+	de	+	比較の範囲

Paul est **le plus** grand **de** sa famille.

Le mont Fuji est la montagne **la plus** haute **du** Japon.

Hélène court **le plus** vite **de** sa classe.

特殊な比較変化をする形容詞・副詞

原級	優等比較級	最上級	同等比較級	劣等比較級
bon(ne)(s)	**meilleur(e)(s)**	le/la/les **meilleur(e)(s)**	aussi bon(ne)(s)	moins bon(ne)(s)
bien	**mieux**	le **mieux**	aussi bien	moins bien
beaucoup	**plus**	le **plus**	**autant**	**moins**

§2 関係代名詞

1 qui / que：先行詞は人・物．qui は関係節の中で動詞の主語，que は直接目的語となる．

Le garçon **qui** parle avec Marie est mon frère.

Les livres **qu'**il m'a prêtés sont très intéressants.

※先行詞が直接目的語の場合，関係節における複合過去形の過去分詞は先行詞の性・数に一致する．

2 où / dont

a) **où**：先行詞は時・場所を表す語．関係節の中では時・場所を表す状況補語となる．

C'est la ville **où** il est né.

Je n'oublie pas le jour **où** je suis allé à Paris pour la première fois.

b) **dont**：先行詞は人・物．関係節の中で，〈**de ＋先行詞**〉の働きをする．

Je cherche le garçon **dont** le père est médecin.

(← Le père *de ce garçon* est médecin.)

Donnez-moi les livres **dont** j'ai besoin. (← J'ai besoin *de ces livres.*)

§3 強調構文

主語を強調	C'est + 主語 + qui ...
主語以外の要素を強調	C'est + 主語以外の要素 + que (qu') ...

C'est ma mère **qui** se lève le plus tôt de ma famille.

C'est la montre **que** Paul m'a offerte.

 **Exercices**

1 日本語に合うように [   ] 内の語を変化させて (   ) に書きなさい.

(1) Jean est (   ) que Marie. [jeune]
（ジャンはマリーよりも若い）

(2) Anne est (   ) que Pierre. [gentil]
（アンヌはピエールよりも親切だ）

(3) Ma mère se couche (   ) que mon père. [tôt]
（母は父と同じくらい早く寝る）

(4) Mon chien est (   ) que le tien. [gros]
（僕の犬は君の犬ほど大きくない）

(5) Marie est (   ) de ces étudiantes. [intelligent]
（マリーはこれらの大学生のなかで一番賢い）

(6) Mon frère rentre (   ) de ma famille. [tard]
（兄は家族のなかで一番帰りが遅い）

(7) C'est la robe (   ) de cette boutique. [cher]
（それはこの店で一番安いドレスです）

(8) Akiko parle (   ) anglais de nous tous. [bien]
（アキコは私たち全員の中で一番英語を話すのがうまい）

(9) Cette chambre-là est (   ) que cette chambre-ci. [bon]
（そっちの部屋のほうがこっちの部屋よりよい）

(10) Jean travaille (   ) de mes amis. [beaucoup]
（ジャンは私の友人の中で一番よく勉強する）

2 (   ) に適切な関係代名詞をおぎないなさい.

(1) J'ai un ami (   ) travaille dans une banque.

(2) La belle maison (   ) tu vois là-bas est à mon oncle.

(3) La fille (   ) vous avez rencontrée à la gare est ma petite sœur.

(4) C'est le jardin (   ) il aime se promener.

(5) C'est le roman (   ) elle a parlé.

3 下線部それぞれを強調する文を書きなさい.

(1) (a) Jean est allé (b) au cinéma (c) avec Anne (d) hier soir.

(2) (a) J'ai acheté (b) cette robe (c) à ma femme.

Leçon 11 将来，未来を語る ● Je serai journaliste.

Unité 1 将来の夢を話す 68

Qu'est-ce que *tu* feras dans l'avenir ?
— Je serai *journaliste*.

« tu » を « vous » や友だちの名前にかえて練習しよう．

« journaliste » をほかの職業にかえて練習しよう．

※職業に関しては Leçon 1・4 の語彙を参照

Unité 2 未来のことを話す

Qu'est-ce que *tu* feras *à Noël* ?
— Je *dînerai au restaurant*.

« tu » を « vous » や友だちの名前にかえて練習しよう．

« dîner au restaurant » を « voyager en France » や « faire un gâteau » にかえて練習しよう．

« à Noël » をほかの時を表す表現（未来）にかえて練習しよう．

フランス国立図書館
(La Bibliothèque Nationale de France)
国立図書館の歴史は古く旧館は 1875 年に建てられた．
その後，フランソワ・ミッテラン大統領のもとで，新館が 1994 年に誕生した．

Unité 3 明日の予定を説明する

Tu auras du temps demain soir ?
— Oui, je *terminerai mon travail* à 17 heures.

« tu » を « vous » や友だちの名前にかえて練習しよう．

« terminer son travail » を « rentrer de l'université » にかえて練習しよう．

Unité 4 何かをしながら，予定を話す

On pourra se parler *en marchant jusqu'à la gare* ?
— Oui, bien sûr.

« marcher jusqu'à la gare » を « prendre du café » や

« se promener en voiture » にかえて練習しよう．

●現在分詞
marcher (nous *march*ons)
　　　→ *march*ant
prendre (nous *pren*ons)
　　　→ *pren*ant
se promener (nous nous *promen*ons)
　　　→ se *promen*ant

 69

●活用を覚えよう（直説法単純未来）

être		avoir		faire		dîner	
je	serai	j'	aurai	je	ferai	je	dînerai
tu	seras	tu	auras	tu	feras	tu	dîneras
il	sera	il	aura	il	fera	il	dînera
nous	serons	nous	aurons	nous	ferons	nous	dînerons
vous	serez	vous	aurez	vous	ferez	vous	dînerez
ils	seront	ils	auront	ils	feront	ils	dîneront

 **Vocabulaire**

● 時の表現（2）未来

demain, demain matin, demain après-midi, demain soir, après-demain,
lundi prochain, la semaine prochaine, le mois prochain, l'année prochaine,
ce week-end, dans l'avenir, dans un an

● 季節　saisons(*f.pl.*) 🔊70

printemps	été	automne	hiver	※すべて男性名詞
au printemps	en été	en automne	en hiver	※前置詞の使い分けに注意

Elle fera du ski en hiver. Ils nageront dans une rivière en été.

 **Expressions**　直説法前未来を用いた表現

Tu seras libre demain soir ?
— Oui, j'aurai terminé mon travail à 7 heures.

Tu seras occupé(e) demain soir ?
— Non, j'aurai fini mes devoirs à 5 heures.

Dictée　音声を聞いて絵を選び，文を書きとろう。　🔊71

1 (　　) _____

2 (　　) _____

3 (　　) _____

4 (　　) _____

a　b　c　d

 **Grammaire** 🔊72

§1 直説法単純未来

1 活用

terminer の直説法単純未来

je termine**rai**	nous termine**rons**
tu termine**ras**	vous termine**rez**
il termine**ra**	ils termine**ront**

a) 活用語尾はすべての動詞に共通：**-rai, -ras, -ra, -rons, -rez, -ront**

b) 語幹は一般的に不定詞から作られる：marcher → je marche**rai**, finir → je fini**rai**

※不定詞が -re で終わるとき，語末の e を省く：prendre → je prend**rai**

※特殊な語幹を持つものがある：être → je se**rai**, avoir → j'au**rai**, aller → j'i**rai**, venir → je viend**rai**,

faire → je fe**rai**, voir → je ver**rai**, pouvoir → je pour**rai**,

vouloir → je voud**rai**, savoir → je sau**rai** など

※特殊な -er 動詞の語幹は直説法現在 1 人称単数形：acheter (j'*achète*) → j'*achète***rai**

2 用法

a) 未来に起こる事柄（行為や状態）を表す．Il **fera** beau demain.

b) 軽い命令（依頼）や現在の事実の推測，語気緩和を表す．Tu **ouvriras** la fenêtre.

直説法前未来　　**助動詞（avoir または être）の直説法単純未来＋過去分詞**

j'au**rai** terminé...nous au**rons** terminé... ※助動詞の使い分けは Leçon9 を参照

je se**rai** rentré(e)...nous se**rons** rentré(e)s...

直説法前未来は，未来のある時点ですでに完了されていると予想される事柄や軽い命令，過去の事実の推測や語気緩和を表す．

Nous **serons rentrés** à la maison quand vous arriverez.

§2 現在分詞とジェロンディフ

1 現在分詞　直説法現在 **1** 人称複数形の **-ons** を **-ant** に変える．：

lire(nous *lis*ons) → *lis***ant**

※例外：être → ét**ant**, avoir → ay**ant**, savoir → sach**ant**

※複合形（完了形）助動詞の現在分詞（**ayant / étant**）＋過去分詞：lire (avoir lu) → **ayant lu**

形容詞的に働いて名詞や代名詞を修飾する．その際，性・数の変化はしない．

Il a rencontré sa sœur **rentrant** du bureau.

2 ジェロンディフ　**en** ＋現在分詞　manger → **en** mange**ant**

副詞的に働いて主節の動詞を修飾し，同時性，原因，条件，手段，対立などを表す．

Il a rencontré sa sœur **en rentrant** du bureau.

1 (　　) 内の動詞を直説法単純未来にかえなさい.

(1) Tu (dîner) au restaurant demain soir ?

(2) Je (voyager) en France l'année prochaine.

(3) Qu'est-ce que vous (faire) dans l'avenir ?

(4) Nous (être) chanteurs dans l'avenir.

(5) Ils (avoir) rendez-vous la semaine prochaine.

(6) Vous me (téléphoner) demain matin !

(7) Elle (avoir) du temps lundi prochain.

(8) Je (terminer) mon travail ce week-end.

(9) Il (faire) froid le mois prochain.

(10) Elles (aller) au cinéma demain après-midi.

2 (　　) 内の動詞を直説法前未来にかえなさい.

(1) Quand vous viendrez nous chercher, nous (finir) de manger.

(2) Elle (laisser) son sac chez elle.

(3) Tu (revenir) ici avant trois heures !

3 (　　) 内の動詞を現在分詞にかえなさい.

(1) J'ai rencontré cette fille en (rentrer) de l'université.

(2) Elles ont vu Jean (lire) un journal au café.

(3) Nous avons regardé la télévision en (prendre) notre petit-déjeuner.

(4) Ils travaillent en (écouter) de la musique.

(5) Ce sont des étudiants (apprendre) le français.

4 次の文をフランス語にしなさい.

(1) 私は将来医者になります.

(2) 明日は暑いでしょう.

(3) 彼女は正午に仕事を終える予定です.

(4) 今週末，彼は時間があるでしょう.

(5) 彼らは歩きながら話し合っています.

Leçon 12

思い出を語る ● Quand j'étais petit, j'aimais les bandes dessinées.

 Unité 1 子どもの頃好きだった物について話す 73

Quand *tu* étais petit(e), qu'est-ce que *tu* aimais ?
— J'aimais *les bandes dessinées*.

« tu » を « vous » や友だちの名前にかえて練習しよう.
« les bandes dessinées » をほかのものにかえて練習しよう.

Unité 2 子どもの頃好きだったことについて話す

Dans ton enfance, qu'est-ce que *tu* aimais faire ?
— J'aimais *jouer à des jeux vidéos*.

« tu » を « vous » や友だちの名前にかえて練習しよう.
« jouer à des jeux vidéos » をほかのことにかえて練習しよう.

Unité 3 過去のある時点の行動について話す

Quand j'ai téléphoné hier, qu'est-ce que *tu* faisais ?
— Je *lisais un manga*.

« tu » を « vous » や友だちの名前にかえて練習しよう.
« lire un manga » をほかの行動にかえて練習しよう.

Unité 4 思い出に関わることについて話す

« *Tintin* », *tu* connais *ce héros de bandes dessinées* ?
— Bien sûr. Il est bien connu au Japon.

« tu » を « vous » や友だちの名前にかえて練習しよう.
« Tintin / héros de bandes dessinées (*m.*) » を « Roland-Garros / tournoi de tennis (*m.*) » や « le Mont-Saint-Michel ／île bretonne (*f.*) » にかえて練習しよう.

メトロ (Le métro de Paris)
パリのメトロは 1900 年に 1 号線が開通して以来，全部で 14 の線が開通している．また駅構内は改装をくり返してきたが，改装ごとに各時代を代表する建築デザインやテーマをとり入れてきた.

 74

● 活用を覚えよう（直説法半過去）

être		avoir		faire		jouer	
j'	étais	j'	avais	je	faisais	je	jouais
tu	étais	tu	avais	tu	faisais	tu	jouais
il	était	il	avait	il	faisait	il	jouait
nous	étions	nous	avions	nous	faisions	nous	jouions
vous	étiez	vous	aviez	vous	faisiez	vous	jouiez
ils	étaient	ils	avaient	ils	faisaient	ils	jouaient

**Vocabulaire**

● 趣味を表す言葉：les bandes dessinées, les dessins animés, les jeux vidéos, le sport, les timbres, le cinéma, l'opéra, la musique, la peinture

● スポーツを表す表現：jouer au tennis / au football / au baseball / au basketball

● 楽器の演奏を表す表現：jouer du piano / de la guitare / du violon / de la flûte

※ そのほかのさまざまな行為に関しては Leçon 5・7 の語彙を参照

**Expressions**　直説法大過去を用いた表現

Quand tu étais petit(e), qu'est-ce que tu aimais ?
— J'aimais les jeux vidéo. Avant d'entrer à l'école, j'avais déjà joué beaucoup de jeux vidéo.

Tu avais des bandes dessinées ?
— Oui, avant le collège, j'en avais déjà acheté la plupart.

Dictée　音声を聞いて絵を選び，文を書きとろう． 🔊75

1 (　　　) _____

2 (　　　) _____

3 (　　　) _____

4 (　　　) _____

 **Grammaire** 🔊 76

§1 直説法半過去

1│ 活用

aimer の直説法半過去

j' aim**ais**	nous aim**ions**
tu aim**ais**	vous aim**iez**
il aim**ait**	ils aim**aient**

a) 活用語尾はすべての動詞に共通：**-ais, -ais, -ait, -ions, -iez, -aient**

b) 語幹は直説法現在 1 人称複数形から -ons を除いたもの：nous *aim*ons → j'*aim*ais

※例外：être → j'ét**ais**

2│ 用法

a) 過去のある時点で継続中の行為や状態を表す．Il **avait** un chien à ce moment-là.

b) 過去の習慣的行為を表す．Ils **faisaient** du football tous les jours.

直説法大過去　　**助動詞（avoir または être）の直説法半過去＋過去分詞**

j'av**ais aimé**...nous av**ions aimé**...

j'ét**ais rentré(e)**...nous ét**ions rentré(e)s**...

過去のある時点で完了している事柄を表す．

Quand nous sommes arrivés au cinéma, le film **avait** déjà **commencé**.

§2 直説法複合過去と直説法半過去

複合過去が完了した出来事を表すのに対し，**半過去**は過去において継続中の行為や状態，習慣を表す．

複合過去：Il **a vécu** trois ans en Provence.

半過去　：Il **vivait** en Provence il y a trois ans.

複合過去と半過去：Quand on **a sonné** à la porte, j'**écrivais** une lettre.

§3 受動態　**助動詞 être ＋他動詞の過去分詞＋ par または de ＋動作主**

Jeanne **est aimée** de tout le monde.

Nous **avons été invités** à dîner par Paul.

※過去分詞は主語の性・数に一致する．

※動作主は前置詞 par で示すが，感情や状態を表す動詞の場合は前置詞 de で示す．

 **Exercices**

1 ( ) 内の動詞を直説法半過去にかえなさい.

(1) Qu'est-ce que vous (faire) hier soir ?

(2) Dans son enfance, elle (aller) à la mer tous les étés.

(3) Quand ils (être) petits, ils (aimer) les jeux vidéos.

(4) Nous (avoir) deux chats il y a cinq ans.

(5) Il (jouer) du violon tous les jours à ce moment-là.

2 ( ) 内の動詞を直説法大過去にかえなさい.

(1) Quand il est venu, nous (finir) notre travail.

(2) Ils (partir) pour Paris avant Noël.

(3) Quand je suis arrivée, le concert (commencer).

3 ( ) 内の動詞を直説法複合過去または半過去にかえなさい.

(1) Quand on (sonner) à la porte, elles (lire) un magazine.

(2) Quand tu (téléphoner) hier, je (regarder) la télévision.

(3) Quand elle (rentrer) chez elle, ses parents (préparer) le dîner.

(4) Quand il (être) lycéen, il (voir) ce film pour la première fois.

(5) Quand nous (habiter) à Paris, nous (aimer) aller au théâtre.

4 次の能動態の文を受動態の文に書きかえなさい.

(1) Tout le monde aime Michel.

(2) Tout le monde respecte Camille.

(3) Paul invite ces garçons à dîner.

(4) Marie présente Anne et Sophie à Jean.

(5) Louis dirige cette entreprise.

5 次の文をフランス語にしなさい.

(1) 子どもの頃，彼女たちは人形で遊ぶ (jouer à la poupée) のが好きでした.

(2) 昨日彼らが電話したとき，私は朝食をとっていました.

(3) 5年前，あなたはリヨンに住んでいましたね！

(4) 小さいとき，彼は毎日野球をしていました.

(5) 彼女はみんなから愛されています.

Leçon 13

仮定，願望を語る ● Si j'avais du temps, je voyagerais à pied.

Unité 1 できないことについて話す（1） 🔊77

Si *tu* avais du temps, qu'est-ce que *tu* ferais ?
— Si j'avais du temps, je *voyagerais à pied*.

« tu » を « vous » や友だちの名前にかえて練習しよう.
« voyager à pied » をほかの旅行を表す表現にかえて練習しよう.

Unité 2 できないことについて話す（2）

S'il faisait beau, qu'est-ce que *tu* ferais ?
— S'il faisait beau, je *ferais une excursion*.

« tu » を « vous » や友だちの名前にかえて練習しよう.
« faire une excursion » をほかの旅行を表す表現にかえて練習しよう.

映画 (Le cinéma)
フランスは映画誕生の地とされる．1895 年にリュミエール兄弟が上映した作品が最初の作品といわれる．以後フランスは映画の都として多くの映画人を輩出したほか，文化的にも保護され，親しみやすい娯楽として根づいている．何よりも料金の安さがそれを物語っている．

Unité 3 したいことをやわらかく伝える

Qu'est-ce que *tu* veux faire ?
— Je voudrais *visiter* Paris.

« tu » を « vous » や友だちの名前にかえて練習しよう.
« visiter Paris » をほかの旅行を表す表現にかえて練習しよう.

Unité 4 他の人の予定を伝える

Qu'est-ce que *ton ami* fera ce week-end ?
— Il m'a dit qu'il *partirait en vacances*.

« ton ami » を友だちの名前や相手の家族にかえて練習しよう.
« partir en vacances » をほかの旅行を表す表現にかえて練習しよう.

 🔊78

● 活用を覚えよう（条件法現在）

être		avoir		faire		vouloir	
je	serais	j'	aurais	je	ferais	je	voudrais
tu	serais	tu	aurais	tu	ferais	tu	voudrais
il	serait	il	aurait	il	ferait	il	voudrait
nous	serions	nous	aurions	nous	ferions	nous	voudrions
vous	seriez	vous	auriez	vous	feriez	vous	voudriez
ils	seraient	ils	auraient	ils	feraient	ils	voudraient

●旅行を表す表現　※国名に関しては Leçon 5 の語彙を参照

voyager à pied (*m.*) / à vélo (*m.*) / en voiture (*f.*) / en autocar (*m.*) / en train (*m.*) / en bateau (*m.*) / en avion (*m.*) / en paquebot de luxe (*m.*)

voyager en Europe (*f.*) / en Afrique (*f.*) / en Asie (*f.*) / en Amérique (*f.*) / en Australie (*f.*)

faire une excursion / une randonnée / le tour du monde

visiter ＋場所や建物の名前

partir en vacances (*f.pl.*) / en voyage (*m.*)

　条件法過去を用いた表現

Si tu avais eu du temps cet été, qu'est-ce que tu aurais fait ?
— Si j'avais eu du temps cet été, j'aurais fait le tour du monde.

S'il avait fait beau hier, qu'est-ce que tu aurais fait ?
— S'il avait fait beau hier, j'aurais joué au tennis.

Dictée　音声を聞いて絵を選び，文を書きとろう．　🔊79

1 (　　) _____

2 (　　) _____

3 (　　) _____

4 (　　) _____

 **Grammaire** 🔊80

§1 条件法現在

1 活用

voyager の条件法現在

je voyage**rais**	nous voyage**rions**
tu voyage**rais**	vous voyage**riez**
il voyage**rait**	ils voyage**raient**

a) 活用語尾はすべての動詞に共通：**-r** ＋直説法半過去の活用語尾

b) 語幹は直説法単純未来と同じ．　※ Leçon 11 を参照

2 用法

a) 現在の事実に反する仮定：**si** ＋直説法半過去，条件法現在

Si j'avais du temps, je **voyagerais** en paquebot de luxe.

※実現の可能性が高い仮定：si ＋直説法現在，直説法単純未来

Si j'ai du temps, je **voyagerai** en Amérique.

b) 語気緩和（ていねいないい方），推測などを表す．

Je **voudrais** visiter Toulouse.

条件法過去　　**助動詞（avoir または être）の条件法現在＋過去分詞**

j'au**rais voyagé**...nous au**rions voyagé**...

je se**rais parti(e)**...nous se**rions parti(e)s**...

過去の事実に反する仮定（**si** ＋直説法大過去，条件法過去）や語気緩和，推測などを表す．

Si j'avais eu du temps, j'**aurais voyagé** en train.

§2 直接話法から間接話法への転換

直接話法		間接話法
平叙文：Il m'a dit : « Je sortirai demain. »	→	Il m'a dit **qu'**il sortirait le lendemain.
疑問文：Il m'a demandé : « Est-ce que tu as froid ? »	→	Il m'a demandé **si** j'avais froid.
Il m'a demandé : « Où êtes-vous allé ? »	→	Il m'a demandé **où** j'étais allé.
命令文：Il m'a dit : « Faites attention aux voitures. »	→	Il m'a dit **de** faire attention aux voitures.

※疑問詞を用いない疑問文の場合，従属節を si で導く．
※主節が過去時制の場合，従属節は主語に留意して動詞の時制を一致させる．また時の副詞の書きかえにも注意する．

時制の一致：直説法現在　　　　　　　　→直説法半過去（過去における現在）
　　　　　　直説法複合過去・半過去　　→直説法大過去（過去における過去）
　　　　　　直説法単純未来　　　　　　→条件法現在（過去における未来）
　　　　　　直説法前未来　　　　　　　→条件法過去（過去における前未来）

時の副詞の書きかえ：hier → la veille, aujourd'hui → ce jour-là, demain → le lendemain など

1 ( ) 内の動詞を条件法現在にかえなさい.

(1) Je (vouloir) partir en voyage.

(2) S'il faisait beau, je (faire) une randonnée.

(3) S'ils avaient du temps, ils (voyager) en bateau.

(4) Mon père m'a dit qu'il (avoir) rendez-vous avec ses amis.

(5) Si tu avais de l'argent, qu'est-ce que tu (faire)?

(6) Si j'avais du temps, je (visiter) ce musée.

(7) Vos sœurs m'ont dit qu'elles (partir) en vacances.

(8) S'il faisait mauvais, elle (rester) à la maison.

(9) Nous (aimer) visiter Marseille.

(10) Si vous aviez du temps, vous (sortir) avec nous?

2 ( ) 内の動詞を条件法過去にかえなさい.

(1) S'il avait fait beau hier, ils (faire) du football.

(2) Si elle avait eu du temps, elle (partir) en vacances.

(3) Si j'avais eu de l'argent, je (voyager) en paquebot de luxe.

3 次の文を間接話法に書きかえなさい.

(1) Il m'a dit : « Je voyagerai en avion. »

(2) Ils m'ont demandé : « Est-ce que Jean partira en vacances ? »

(3) Elle m'a demandé : « Tu rentreras quand ? »

(4) Ils m'ont dit : « Nous ferons une excursion. »

(5) Elles m'ont dit : « Parlez plus doucement. »

4 次の文をフランス語にしなさい.

(1) 私は自転車で旅行がしたいのですが.

(2) もし時間があれば, 私は世界一周するのに.

(3) もし天気がよければ, 私たちはハイキングするのに.

(4) 彼女は私に旅行に出発するといいました.

(5) もし時間があれば, 彼らはヨーロッパを旅行するのに.

Leçon 14

感情や希望を表現する ● Je veux que tu me portes sur le dos.

Unité 1 してほしいことを頼む 🔊 81

Papa, je veux que *tu* me portes sur le dos.
— Ma pauvre chérie, *tu* es épuisée et *tu* ne peux donc plus rentrer à pied.

Unité 2 そうは思わないことをいってみよう

Mais comme *tu* es âgé, je ne pense pas que *tu* puisses me porter.
— Crois-*tu* que je n'en sois pas capable ?

グラン・マガザン (Le grand magasin)
パリに最初の百貨店が登場したのは，1852年のボン・マルシェ百貨店．もともと生地屋だったのが，バーゲンセールやショーケースによる展示など現在の百貨店のシステムを確立し，巨大な店舗として発展していく．写真は2番目に古い百貨店サマリテーヌ．2005年に惜しくも閉店となった．

Unité 3 ある人だけに頼んでみる

En tout cas, *tu* es la seule personne qui puisse m'aider.
— Alors *tu* peux compter sur moi !

Unité 4 状況は悪いけれど，なんとかしたい

Bien que je me sente fatiguée, je crains de te gêner.
— Si *tu* veux, j'essaie de te porter.

Unité 5 希望，期待をいう

Je tâcherai de me débrouiller toute seule.
— Pourvu que *tu* réussisses !

Unité 1 から Unité 5 について《*tu*》を《*vous*》にかえて練習しよう．

😊 **Expressions** Unité 1～5 のおのおのに関連した表現

1 je veux que..., je souhaite que..., je crains que..., j'ai peur que...
je doute que..., je m'étonne que..., il est impossible que..., il faut que...

2 je ne pense pas que... / Penses-tu que... ?
je ne crois pas que... / Crois-tu que... ?

3 seul / unique, premier / dernier
le plus (moins) / la plus (moins) / les plus (moins)

4 bien que..., quoique..., à moins que...
jusqu'à ce que..., avant que..., afin que..., pour que...

5 pourvu que...
※用法については p.74 を参照

 **Grammaire** 🔊82

●活用を覚えよう（接続法現在）

porter		pouvoir		se sentir			réussir	
je	porte	je	puisse	je	me	sente	je	réussisse
tu	portes	tu	puisses	tu	te	sentes	tu	réussisses
il	porte	il	puisse	il	se	sente	il	réussisse
nous	portions	nous	puissions	nous	nous	sentions	nous	réussissions
vous	portiez	vous	puissiez	vous	vous	sentiez	vous	réussissiez
ils	portent	ils	puissent	ils	se	sentent	ils	réussissent

接続詞（conjonctions）は，文中で二つの部分をむすびつける.

1 等位接続詞は，mais, ou, et, donc, or, ni, car の 7 つの接続詞で，二つの要素（語句・節）の間に置かれ，それらを対等につなぐ.

Paul est intelligent, **mais** son frère ne l'est pas.

2 従属接続詞は，一方の節（従属節）が他方の節（主節）の中に組み込まれたり，補足したりするものとして示す接続詞. 従属接続詞は，従属節の始めにつく，quand, comme, si, que, および que で終わる連語・複合語（parce que, tant que, alors que, bien que, jusqu'à ce que, afin que, quoique, etc.）

Bien qu'il se sente fatigué, il n'a pas le temps de se reposer.

※同じ従属接続詞をくりかえすときは que で代替する. ただし，仮定の si を代用するときは que 以下は接続法となる.

Si vous êtes malade et **que** vous ne **puissiez** pas venir, téléphonez-moi.

Dictée 音声を聞いてその内容に合う絵を下から選び，文を書き取ろう. 🔊83

1 ( ) _____

2 ( ) _____

3 ( ) _____

4 ( ) _____

a | b | c | d

§1 接続法

直説法が客観的な事実を述べるのに対して接続法は主観的な考えを述べる.

1 活用

接続法現在：語幹は直説法現在 3 人称複数形から活用語尾 ent をとりのぞいたもの.

現在形の活用語尾はすべての動詞に共通（avoir，être は例外）で -e, -es, -e, -ions, -iez, -ent である．また「すべての人称で例外的な語幹」* をとる動詞をのぞいて，複数１・２人称の活用形は直説法半過去と同じ形となる.

donner (← ils donnent)		finir (← ils finissent)	
je donne	nous donnions	je finisse	nous finissions
tu donnes	vous donniez	tu finisses	vous finissiez
il donne	ils donnent	il finisse	ils finissent

特殊な活用をする動詞：

a) 単数人称・複数3人称の語幹と複数１・２人称の語幹が異なる動詞：

   prendre : je prenne... nous prenions... 他に venir，voir など.

b) 単数人称・複数3人称で例外的な語幹をとる動詞：

   aller : j'aille... nous allions...　　　　他に vouloir，valoir など.

c)「すべての人称で例外的な語幹」* をとる動詞：

   faire : je fasse... nous fassions...　　　他に pouvoir，savoir など.

動詞 être, avoir は語幹も活用語尾も特殊で一般の動詞の活用とは多少異なる.

être		avoir	
je sois	nous soyons	j' aie	nous ayons
tu sois	vous soyez	tu aies	vous ayez
il soit	ils soient	il ait	ils aient

※接続法過去　助動詞（avoir または être）の接続法現在＋過去分詞

j'**aie donné**... nous **ayons donné**...

je **sois arrivé(e)** ... nous **soyons arrivé(e)s**...

2 用法（用例は，72 ページ，Unité1-5，*Expressions*1-5 を参照）

接続法現在は主節との同時性を，接続法過去は主節に対する完了を表す．従属節中に接続法を用いる場合は以下のような感情を表す動詞や特殊な構文による.

1) 主節に願望・疑惑・感情・意志などを表す表現がある名詞節

2) 主節の動詞 croire, penser などが否定形，あるいは疑問形におかれ，しかも疑惑の念が残る名詞節

3) 最上級またはそれに準ずる表現：seul, premier, dernier, unique などに続く関係詞節

4) 目的・疑惑・譲歩などを表す接続詩句の後の副詞節

5) 願望・命令を表す独立節

Exercices

1 ( ) 内の動詞を接続法現在にかえなさい.

(1) Il désire que son fils (choisir) le même métier que le sien.

(2) Bien que Marie (être) très gentille, il ne l'aime pas beaucoup.

(3) Vous êtes la seule française que je (connaître).

(4) Tu n'as pas envie que nous t'(accompagner) à la gare.

(5) Je souhaite vivement que vous (venir) me voir.

2 ( ) 内の動詞を接続法過去にかえなさい.

(1) Elle n'est pas sûre que Paul (partir) déjà.

(2) Bien qu'elle (arriver) à l'avance, elle n'a pu rencontrer son ami à la gare.

(3) Paul est décédé, mais Marie est la seule personne que Paul (aimer) dans sa vie.

(4) Elle est bien contente que son fils (se marier) avec une jolie fille l'année dernière.

(5) Elle a peur que son bébé (se réveiller) déjà.

3 接続法と直説法のどちらかの適切な活用形を( )から選びなさい.

(1) Je pense que cet artiste (fait / fasse) un bon travail.

(2) Je ne crois pas qu'il (va / aille) voir l'exposition.

(3) Ils savent que nous les (attendons / attendions).

(4) Il faut que vous (parlez / parliez) la vérité.

(5) Nous allons terminer nos devoirs avant qu'il (vient / vienne) nous voir.

4 次の文をフランス語にしなさい.

(1) 僕と一緒にフランスに行ってほしい.

(2) 彼女が病気だなんて信じられない.

(3) 京都は私の知っている中でもっとも美しい町です.

(4) 彼女は夜になる (faire nuit) までに着くだろう.

(5) 彼女は美人だけど,魅力に欠ける.

Prononciation

§1 綴り字と発音

I) 綴り字記号 (フランス語表記に用いる補助記号)

アクサン accent とトレマ tréma は母音字の上だけにつく.

▶ アクサン・テギュ accent aigu   **é**

▶ アクサン・グラーヴ accent grave   **à è ù**

▶ アクサン・シルコンフレックス accent circonflexe **â ê î ô û**

▶ トレマ tréma は先行する母音字と切りはなしてよむ **ë ï ü**

セディーユ cédille   **ç**

アポストロフ apostrophe は母音字の省略を示す **aujourd'hui**

トレ・デュニオン trait d'union 連結記号 (合成語など) **après-midi**

II) 音節：綴り字の読み方

音節とは〈**母音字**〉または〈**子音字＋母音字**〉のように発音できる文字・綴りの単位.

1 単母音字 (単独で発音できる文字・綴り) と発音 🔊85

a, à, â	[a, ɑ]	*a*mi [ami], voil*à* [vwala], *â*me [ɑm]
e	[e]	n*ez* [ne]
	[ɛ]	m*e*r [mɛr]
	[ə]	r*e*tenir [rətnir], cr*e*ver [krəve] (第1音節または2子音の後は発音する)
	[無音]	madam*e* [madam], sam*e*di [samdi] (語尾または1子音の後は発音しない)
é	[e]	*é*tude [etyd]
è, ê,	[ɛ]	p*è*re [pɛr], f*ê*te [fɛt]
i, î, y	[i]	mard*i* [mardi], *î*le [il], st*y*le [stil]
o, ô	[ɔ,o]	*o*cre [ɔkr], t*ô*t [to]
u, û	[y]	p*u*r [pyr], s*û*r [syr]

2 複合母音字 🔊86

ai, ei	[ɛ]	l*ai*t [lɛ], s*ei*ze [sɛz]
au, eau	[o]	café *au* lait [kafe o lɛ], mant*eau* [mãto]
eu, œu	[ø,œ]	d*eu*x [dø], s*œu*r [sœr]
ou, où	[u]	v*ou*s [vu], *où* [u]
oi	[wa]	t*oi* [twa]

3 | 半母音字 🔊87

i ＋母音	[j-]	*pia*no [pjano], *pied* [pje]
u ＋母音	[ɥ-]	m*uet* [mɥɛ], n*uit* [nɥi]
ou ＋母音	[w-]	*oue*st [wɛst], *oui* [wi]
母音間の y	[-j-]	cr*ay*on [krɛjɔ̃], v*oya*ge [vwajaʒ]　(y ＝ i ＋ i と考える：crai-ion)

4 | 鼻母音字 🔊88

am, an, em, en		[ã]	*lam*pe [lɑ̃p], restaur*ant* [rɛstɔrɑ̃], *tem*ps [tɑ̃], par*ent* [parɑ̃]
im, in, ym, yn (aim, ain, eim, ein)		[ɛ̃]	*im*portant [ɛ̃pɔrtɑ̃], lap*in* [lapɛ̃], *sym*pathique [sɛ̃patik], *syn*dicat [sɛ̃dika]
om, on		[ɔ̃]	n*om* [nɔ̃], m*on*de [mɔ̃d]
um, un		[œ̃]	parf*um* [parfœ̃], l*un*di [lœ̃di]

※ n, m が重なる場合は鼻母音にならない：année [ane], innocent [inɔsɑ̃], bonne [bɔn]

5 | 注意すべき子音字 (原則として母音字の支えなしに単独で発音できない文字・綴り) 🔊89

c	[s] ce, ci, cy	*ce*la [səla], *ci*tron [sitrɔ̃], *cy*cle [sikl]
	[k] ca, co, cu	*ca*fé [kafe], *co*médie [kɔmedi], *cu*lture [kyltyr]
ç	[s] ça, ço, çu	*ça* [sa], gar*ço*n [garsɔ̃], re*çu* [rəsy]
ch	[ʃ]	*ch*ocolat [ʃɔkɔla]
g	[ʒ] ge, gi, gy	*ge*nou [ʒənu], lo*gi*s [lɔʒi], *gy*mnastique [ʒimnastik]
	[g] ga, go, gu	*ga*re [gar], *go*mme [gɔm], ai*gu* [ɛgy]
gu	[g] gue, gui	lan*gue* [lɑ̃g], *gui*de [gid]
gn	[ɲ]	monta*gn*e [mɔ̃taɲ]
h	[無音の h]	*h*omme [ɔm]
	[有音の h]	*h*éros [ero]

※ h は常に発音されないが，語頭のみ無音の h と有音の h の区別がある．有音の h は，辞書ではふつう ⁺h と表記される.

ill	[ij]	fam*ille* [famij], *fille* [fij] (例外：ville [vil], mille [mil], tranquille [trɑ̃kil])
ail	[aj]	trava*il* [travaj]
eil	[ɛj]	sole*il* [sɔlɛj]
ph	[f]	*ph*oto [fɔto]
qu	[k]	*qu*atre [katr]
s, ss	[z/s]	poi*s*on [pwazɔ̃] / poi*ss*on [pwasɔ̃], dé*s*ert [dezɛr] / de*ss*ert [desɛr]　(母音字＋ s ＋母音字：[z])
x	[ks] [gz]	te*x*te [tɛkst], e*x*ercice [ɛgzɛrsis]
	[s] [z]	si*x* [sis], si*x*ième [sizjɛm]

※語末の子音は原則として発音しないが c, f, l, r は発音することがある.
　sac [sak], chef [ʃɛf], miel [mjɛl], bonjour [bɔ̃ʒur]

Ⅲ) 単語の発音

①音節ごとにていねいに発音する

②アクセント

　単語のアクセントは常に最後の音節にある．　　a-ni-*mal*, fu-*tur*, me-*nu*, ca-*nif*

　ただし最後の音節が -e で終わっているときは，その前の音節に移る．　　*pa*-ge

Ⅳ) リエゾン，アンシェヌマン，エリジオン　🔊90

1│ リエゾン **liaison**

　発音しない語尾の子音字に，母音または無音の h で始まる語が続くとき，子音＋母音を新しい音節として発音することがある．子音の音変化を伴うこともある．

　　s, x - [z]　vous‿êtes, deux‿heures
　　d - [t]　　　grand‿arbre

　※リエゾンすべき場合
　　主語人称代名詞＋動詞，限定詞（冠詞・所有形容詞など）＋名詞，前置詞＋名詞など意味のまとまりが強い語群で．
　　ils‿ont, les‿hommes, mon‿enfant, chez‿eux

　※リエゾンしてはいけない場合
　　主語名詞＋動詞　　　　　Les français / aiment le fromage.
　　単数名詞＋形容詞　　　　un étudiant / intelligent
　　et の後　　　　　　　　un crayon et / une gomme
　　有音の h の前　　　　　les / héros

2│ アンシェヌマン **enchaînement**

　発音する語尾の子音字を，次の母音または無音の h で始まる語と続けて発音する．

　Il‿est français. Elle‿habite‿à Kyoto.

3│ エリジオン **élision**

　1 音節の短い語（je, ne, me, te, de, le, la, que, se, ce, si）に母音または無音の h で始まる語が続くとき，語末母音をアポストロフ apostrophe(') にかえて 2 語をつなぐ．il ne est pas → il n'est pas, le homme → l'homme など．ただし ce は c'est のみ，si は il, ils の前でのみエリジオンする（s'il, s'ils）．elle はエリジオンしないので注意．

V) 書くときの句読記号

.	point	!	point d'exclamation
,	virgule	...	points de suspension
;	point-virgule	–	tiret
:	deux-points	« »	guillemets
?	point d'interrogation	( )	parenthèses

§2 疑問代名詞

同じ種類の名詞のうちで「誰？どれ？」とたずねるときは，下の疑問代名詞を用いる．

男性単数	女性単数	男性複数	女性複数
lequel	laquelle	lesquels	lesquelles

Ton copain, il va bien? — Mon copain? **Lequel**?

De ces fleurs, **laquelle** préfères-tu? Je préfère celle-ci.

§3 前置詞＋関係代名詞

前置詞＋ lequel (*m.s.*), laquelle (*f.s.*), lesquels (*m.pl.*), lesquelles (*f.pl.*) / qui
　　先行詞（人・物）の性・数により形がかわる．先行詞が人の場合は qui がよく用いられる．

　　Je ne connais pas la raison **pour laquelle** Jean n'est pas venu hier soir.

　　La fille **avec qui** je me suis promené ce matin est ma cousine.

§4 直説法単純過去と直説法前過去

1 活用

直説法単純過去

活用語尾には 4 つの型がある：**-a** 型，**-u** 型，**-i** 型，**-in** 型

-a 型
※語尾が -er で終わる動詞のすべて

marcher

je march**ai**	nous march**âmes**
tu march**as**	vous march**âtes**
il march**a**	ils march**èrent**

-u 型
※語尾が -oir のほか，-ir や -re で終わる動詞

avoir

j' **eus**	nous e**ûmes**
tu **eus**	vous e**ûtes**
il **eut**	ils **eurent**

être

je **fus**	nous **fûmes**
tu **fus**	vous **fûtes**
il **fut**	ils **furent**

-i 型
※語尾が -ir や -re で終わる動詞の大部分

finir

je fin**is**	nous fin**îmes**
tu fin**is**	vous fin**îtes**
il fin**it**	ils fin**irent**

-in 型
※ -i 型の例外（venir と tenir）

venir

je v**ins**	nous v**înmes**
tu v**ins**	vous v**întes**
il v**int**	ils v**inrent**

直説法前過去　　**助動詞（avoir または être）の直説法単純過去＋過去分詞**

marcher → j'e**us marché**... nous e**ûmes marché**...

venir → je f**us venu(e)**... nous f**ûmes venu(e)s**...　　※助動詞の使い分けは Leçon 9 を参照

2 用法

　複合過去は，助動詞が現在形で，現在とかかわる過去を主観的に表すのに対し，**単純過去**は，過去において完了し，しかもその結果が現在にかかわらない出来事を客観的に表す．**前過去**は，単純過去よりも前に完了した出来事を表す．**単純過去**と**前過去**は，歴史や物語の記述など，書き言葉でのみ用いられる．

単純過去：Napoléon Bonaparte **mourut** à l'île de Sainte-Hélène.

前過去　：Dès que son enfant **se fut endormi**, Inès commença à faire le ménage.

§5 接続法半過去と接続法大過去

1 活用

接続法半過去

語幹は直説法単純過去と同じ，語尾変化はすべての動詞に共通．

語尾

je	-**sse**	nous	-**ssions**
tu	-**sses**	vous	-**ssiez**
il	-**^t**	ils	-**ssent**

donner

Je donnasse	nous	donnassions	
tu donnasses	vous	donnassiez	
il donnât	ils	donnassent	

finir

je finisse	nous	finissions	
tu finisses	vous	finissiez	
il finît	ils	finissent	

avoir

j' eusse	nous	eussions	
tu eusses	vous	eussiez	
il eût	ils	eussent	

être

je fusse	nous	fussions	
tu fusses	vous	fussiez	
il fût	ils	fussent	

接続法大過去　　助動詞（**avoir** または **être**）の接続法半過去＋過去分詞

donner → j'eusse donné… venir → je fusse venu(e)

※助動詞の使い分けは Leçon 9 を参照

2 用法

　書きことばにおいて，主節が過去のときに用いられることがあるが，現代フランス語では擬古的な文体においてしか用いられない．なお，日常語においては主節が過去時制であっても時制の一致をすることなく，接続法半過去は現在によって，大過去は過去によって代用される．

主節	従属節
過去形	接続法半過去（主節と同時または以後の事柄）→接続法現在で代用 接続法大過去（主節より以前の事項）　　　→接続法過去で代用

Il doutait qu'elle **vînt**.　　→　Il doutait qu'elle **vienne**.

Il doutait qu'elle **fût venue**.　→　Il doutait qu'elle **soit venue**.

§6 条件法過去第二形

　　接続法大過去は条件文・譲歩文などにおける条件法過去の代わりに用いられることがあり，これを条件法過去第二形と呼ぶ．si に導かれる条件節で直説法大過去の代わりに用いられ，また，主節の条件法過去の代わりに用いられることもある．

S'il **eût été** (= **avait été**) plus travailleur, il **eût réussi** (= **aurait réussi**).
On **eût dit** que... (= On **aurait dit** que ...)
Le nez de Cléopâtre s'il **eût été** plus court, toute la face de la terre aurait changé. (Pascal)

§7 虚辞の ne

　　従属節に含まれた否定の観念を反映するが，論理的には肯定表現である ne を「虚辞の ne」という．否定的な意味のために接続法が多くなるが，比較構文では直説法．日常語で使用されることは少ない．

Je crains qu'il **ne** pleuve demain.　　明日雨が降るのではないかと心配だ.
Il est plus gentil que vous **ne** le prenez.　　彼はあなたが思っている以上に親切です.

祝日について

　フランスの法定有給休暇は最低 5 週間．日本と違い，きちんと消化される．夏にはたいていの人が 3 週間程度の休みをとり，旅行などをして楽しんでいる．また，祝日には，日が固定されているものと移動するものとがある．

祝祭日一覧

1月	1日	Jour de l'an	（元旦）
5月	1日	Fête du travail	（メーデー）
5月	8日	Victoire 1945	（第二次世界大戦終戦記念日）
7月	14日	Fête nationale	（フランス革命記念日）
8月	15日	Assomption	（聖母被昇天祭）
11月	1日	Toussaint	（諸聖人の大祝日）
11月	11日	Armistice 1918	（第一次世界大戦休戦記念日）
12月	25日	Noël	（クリスマス）

移動祝祭日一覧

Pâques（復活祭）：春分の後の最初の満月直後の日曜日．通常 3 月 22 日から 4 月 25 日の間．
Lundi de Pâques（復活祭翌日の月曜日）
Ascension（キリスト昇天祭）：復活祭後，40 日目
Pentecôte（聖霊降臨祭）：復活祭後の第七日曜日

祝日ではないものの，キリスト教に関連する日として次のようなものがある．

1月6日 Épiphanie（公現祭）：イエスがベツレヘムで東方の三博士の訪問を受けたことを記念する日．豆，または陶製の小さな人形を中に隠したお菓子（galette des rois）を食べ，それにあたった人が王になって遊ぶ，という風習がある．
mardi gras（謝肉の火曜日）：灰の水曜日の前日．carnaval（謝肉祭）の最終日．
mercredi des Cendres（灰の水曜日）：復活祭の 40 日前（ただし日曜日を数えないので，実際には 46 日）．この日から carême（四旬節）が始まる．
carême（四旬節）：イエスが荒野で 40 日間断食をしたことにならい，禁欲と節制に努める期間とされる．

　フランスには聖人暦がある．カレンダーには，どの日にもそれぞれ聖人の名が冠せられており，1981年の法改正まではフランス国籍を持つ子どもの名前はこの聖人暦から選ぶことになっていた．ただし，最近はKevinなどアメリカ風の名前をつける人も多い．

　2010年のフランスにおける名前ランキングは次の通り．（男／女の順）

1. Nathan / Emma　2. Noah, Noa / Chloé　3. Lucas / Lola　4. Mathis, Mathys / Camille　5. Léo / Manon　6. Théo / Léa　7. Jules / Jade　8. Arhur / Louise　9. Enzo / Lilou, Lylou　10. Clément / Zoé　11. Maxime / Louna, Luna　12. Luis / Eva　13. Antoine / Clara　14. Ethan / Lily, Lilly, Lili　15. Evan / Lisa　16. Hugo / Lou　17. Tom / Margot, Margaux　18. Mathéo / Marie　19. Gabriel / Romane　20. Raphaël / Maëlys, Maélys　　　　　　　　　　　　　　（http://www.prenom.com より）

　フランスの名前は，他のヨーロッパ諸国ではどんな名前になるのか？　一般的なものを以下に挙げる．

フランス語	英語	ドイツ語	イタリア語	スペイン語	ロシア語
Catherine	Catharine	Katarina	Caterina	Catalina	Ekaterina （エカチェリーナ）
Charles	Charles	Karl	Carlo （カルロ）	Carlos （カルロス）	Karl （カルル）
Claire	Clara	Klara	Chiara （キアラ）	Clara	Klara （クラーラ）
François	Francis	Franz	Francesco （フランチェスコ）	Francisco （フランシスコ）	Frantsisk （フランツィスク）
Guillaume	William	Wilhelm （ヴィルヘルム）	Guglielmo （グッリエルモ）	Guillermo （ギジェルモ）	Viliyam （ヴィリヤム）
Henri	Henry	Heinrich （ハインリッヒ）	Enrico （エンリコ）	Enrique （エンリケ）	Genrikh （ゲンリフ）
Jacques	James	Jakob （ヤーコプ）	Giacomo （ジアコモ）	Jaime （ハイメ）	Yakov （ヤーコフ）
Jean	John	Johann （ヨハン）	Giovanni （ジョヴァンニ）	Juan （ホアン）	Ivan （イヴァン）
Louis	Lewis Louis	Ludwig （ルードヴィッヒ）	Ludovico （ルドヴィーコ）	Luis	Lyudovik （リュドーヴィク）
Marie	Mary	Maria	Maria	Maria	Mariya （マリーヤ）
Michel	Michael	Michael （ミヒャエル）	Michele （ミケーレ）	Miguel （ミゲル）	Mikhail （ミハイル）
Paul	Paul	Paul （パウル）	Paolo （パオロ）	Pablo （パブロ）	Pavel （パーヴェル）
Pierre	Peter	Peter （ペーター）	Pietro （ピエトロ）	Pedro （ペドロ）	Pyotr （ピョートル）

フランスの通貨はかつてフラン le franc であったが，2002年1月1日より，欧州連合（EU：フランス語では UE = l'Union européenne）の統一通貨であるユーロ l'euro に切り替えられた（2月17日フラン廃止）。

新通貨ユーロ（補助通貨は 1/100 ユーロに相当するサン cent）には7種類の紙幣（5, 10, 20, 50, 100, 200, 500 euros）と，8種類の硬貨（1, 2, 5, 10, 20, 50 cent（s）および 1, 2 euro（s））がある．紙幣のデザインは EU 全体で共通，一方硬貨は表のみ共通で，裏面は各国独自のデザインとなっている．

なお，補助通貨の正式名称は cent（s）であるが，フランスでは，フラン時代の補助通貨であったサンティーム centime（s）の名称が現在も一般に用いられている．

●硬貨は8種類

1 centime/1 cent

2 centimes/2 cents

5 centimes/5 cents

10 centimes/10cents

20 centimes/20cents

50 centimes/50cents

1 euro

2 euros

●お札は7種類

5 euros

10 euros

20 euros

50 euros

100 euros

200 euros

500 euros

知り合いや家族，友人にフランス語で手紙やメールを書いてみよう．

例：クリスマスカードの書き方

① 場所と日付は，右上に「場所, le 日 月 年」の順番で書く．

② 冒頭は一般的に Monsieur (Madame, Mademoiselle) で始める．これは，日本語の手紙の「拝啓」や「前略」にあたることばで，相手が親しい人の場合は Cher (Chère) ＋名前，Bonjour ＋名前 という表現を用いる．

③ クリスマスカードや年賀状の決まり文句は Joyeux Noël !（メリークリスマス！），Bonne année !（新年おめでとう！），Meilleurs vœux pour la nouvelle année !（新年おめでとうございます！）．

④ 日本の手紙の「敬具」や「草々」にあたる結びのことばとして一般的に次の表現を用いる．
Veuillez agréer, Monsieur (Madame, Mademoiselle), l'expression de mes sentiments distingués.
親しい人の場合は Amitiés, Amicalement, Je t'embrasse といった表現を用いる．

⑤ 署名は手書きでおこなう．

※メールの場合は，日付をはぶき，すべて左詰にする．

> ① Tokyo, le 16 décembre 2013
>
> ② Chère Anne,
>
> ③ Ça va, Anne ? Je te souhaite un joyeux Noël et une bonne année !
>
> ④ Amicalement,
>
> ⑤ kenji

例：封筒の書き方

封筒のおもて（受取人の名前と住所）

① 受取人の名前は Prénom（名）NOM（姓）の順に書く．名前の前に男性の場合は Monsieur (M.)，女性の場合は Madame(Mme)，Mademoiselle(Mlle) をつける．

② 番地　③ 通りや広場の名前　④ 郵便番号　⑤ 市町名　⑥ 国名　※フランスの住所表記

※海外に送る場合は，おもてに PAR AVION（航空便）と書く．

封筒のうら（差出人の名前と住所）

⑦ 差出人の名前　⑧ 番地　⑨ 区市町村名　⑩ 都道府県　⑪ 郵便番号　⑫ 国名 ※日本の住所表記

※差出人の名前に敬称（Monsieur, Madame, Mademoiselle）はつけない．

おもて

① Mademoiselle Anne BERNARD
② 73,　③ avenue des Champs-Élysées
④ 75008　⑤ Paris
⑥ FRANCE　　　　PAR AVION

うら

⑦ Kenji SATO　⑧ 4-11-44,
⑨ Minami Azabu, Minato-ku
⑩ Tokyo　⑪ 106-8514　⑫ Japon

Windows 10 の場合

◆ 一時的にフランス語の特殊文字を入力する場合：

① **Office** の使用中に，特殊文字を入力したい位置で，メニューの「挿入」→ツールバーの「記号と特殊文字」→「その他の記号」と進み「記号と特殊文字」の入力ボックスを開く.

②「フォント」を「英数字用フォント」とし，一覧から必要な文字を選んで下の「挿入」を押す.

◆ フランス語用のキーボードをインストールする場合：

① スタートボタン（**Windows** キー）→「設定」→「時刻と言語」→「言語」→「言語の追加」.

② 一覧の中から「フランス語（カナダ）」を選び「次へ」→「インストール」.

※「フランス語（カナダ）」は「フランス語（フランス）」よりも英語のキー配置に近いので使いやすい.

③ インストール完了後は左 [Alt] + [Shift] を押すと入力言語が順に入れ替わる. フランス語入力モードの場合は画面右下に **FR** と表示される.

フランス語（カナダ）キー配列の一部

é … ? ・ / め   **è** … * ： け   **à** … ｝ ↓ ］ む   **ç** … （ 「 ［ 。   **œ** … 右 [Ctrl] + e

ˆ （アクサンシルコンフレックス）… ` @ ¨ ，続いてアルファベットを押す

**`** （アクサングラーヴ）　　　… [Ctrl] + [Alt] + ` @ ¨ ，続いてアルファベットを押す

¨ （トレマ）　　　　　　　… [Shift] + ` @ ¨ ，続いてアルファベットを押す

記号類のキー配列も一部変わるので注意.

« » （ギュメ）… [Shift] + > 。 ・ る   **'** （アポストロフ）… [Shift] + < 、 , ね

: … [Shift] + + ＋ ； れ   **?** … [Shift] + & お 6 お

(… [Shift] + ） ょ 9 よ   **)** … [Shift] + を 0 わ など

Mac の場合

欧文入力モード（英字）にする.

´ （アクサンテギュ）　　　　　　 … [Option] + e，続いてアルファベットを押す

` （アクサングラーヴ）　　　　　 … [Option] + _，続いてアルファベットを押す

ˆ （アクサンシルコンフレックス）… [Option] + i，続いてアルファベットを押す

¨ （トレマ）　　　　　　　　　 … [Option] + u，続いてアルファベットを押す

ç … [Option] + c

œ … [Option] + q

* この記事中で，＋（プラス記号）は 2 つ以上のキーを同時に押すことを意味します.

※本冊の Leçon 1（p.12）～ Leçon 14（p.75）に出てくる語を収録しました．なお，数詞は裏表紙見開きを，動詞の活用形は巻末動詞活用表をご覧ください．

Ⓐ

à	前置詞	～に（場所・時刻），～のもの（所属）
à ce moment-là		その時，当時
à côté de...		～の横に
à droite（de...）		（～の）右に
à gauche（de...）		（～の）左に
à l'avance		前もって
à moins que...	接続詞句	～しない限り，もし～でなければ
à pied		徒歩で
accident	名詞 m.	事故
accompagner	動詞	一緒に行く
acheter	動詞	買う
acteur / actrice	名詞	俳優
actif / active	形容詞	活動的な
adorer	動詞	～が大好きである
adresse	名詞 f.	住所
aéroport	名詞 m.	空港
affectueux / affectueuse	形容詞	愛情深い
Afghanistan	名詞 m.	アフガニスタン（国名）
afin que...	接続詞句	～するために
Afrique	名詞 f.	アフリカ（大陸・地方名）
âge	名詞 m.	年齢
âgé(e)	形容詞	年上の，老齢の
aider	動詞	助ける
aimable	形容詞	感じの良い，愛想のよい
aimer	動詞	～が好きだ
Allemagne	名詞 f.	ドイツ（国名）
allemand(e)	名詞・形容詞	ドイツ人，ドイツの，m. ドイツ語
aller	動詞	行く
alors	副詞	それなら，それで，だから
alors que...	接続詞句	たとえ～であっても
américain(e)	名詞・形容詞	アメリカ人，アメリカの
Amérique	名詞 f.	アメリカ（大陸・地方名）
ami(e)	名詞	友人

an	名詞 m.	年，歳
ananas	名詞 m.	パイナップル
ancien(ne)	形容詞	古くからある，かつての
anglais(e)	名詞・形容詞	イギリス人，イギリスの，m. 英語
Angleterre	名詞 f.	イギリス（国名）
Anne	名詞 f.	アンヌ（人名）
année	名詞 f.	年，年度
anniversaire	名詞 m.	誕生日，記念日
août	名詞 m.	8月
appartement	名詞 m.	アパート
appeler	動詞	呼ぶ，～に電話をする
apporter	動詞	持ってくる
apprendre	動詞	学ぶ，習う
après	前置詞	～の後で
après-demain	名詞 m.・副詞	明後日（に）
après-midi	名詞 m.	昼，午後
arabe	名詞 m.	アラブ語
argent	名詞 m.	お金，銀
arrêter（s'～）	動詞	止まる，停車する
arriver	動詞	到着する
artiste	名詞	芸術家
Asie	名詞 f.	アジア（大陸・地方名）
assiette	名詞 f.	皿
assister	動詞	出席する
attendre	動詞	待つ
attention	名詞 f.	注意
au		à+le → p.30
aujourd'hui	副詞	今日
aussi	副詞	～もまた，同じくらいの程度で（同等比較級をつくる→ p.58）
Australie	名詞 f.	オーストラリア（大陸・国名）
autant	副詞	beaucoup の同等比較級→ p.58
autocar	名詞 m.	（長距離）バス，観光バス
automne	名詞 m.	秋
autrefois	副詞	かつて，以前
aux		à+les → p.30

avant	前置詞	～より前に，までに（時間）
avant que...	接続詞句	～する前に
avant-hier	名詞 m.・副詞	一昨日
avec	前置詞	～と一緒に
avenir	名詞 m.	将来，未来
avion	名詞 m.	飛行機
avoir	動詞	持っている
avoir besoin de…		～を必要とする
avoir envie que...		～であることを望む
avoir mal à...		～が痛い
avoir peur que...		～であることを恐れる
avril	名詞 m.	4月

B

bague	名詞 f.	指輪
baguette	名詞 f.	棒，バゲット，箸
bande dessinée	名詞 f.	漫画
banque	名詞 f.	銀行
baseball	名詞 m.	野球
basketball	名詞 m.	バスケットボール
bateau(x)	名詞 m.	船
beau / belle	形容詞	美しい→ p.26
beaucoup (de...)	副詞	たくさん（の～）
beau-frère	名詞 m.	義兄，義弟
beau-père	名詞 m.	義父
bébé	名詞 m.	赤ん坊
beige	形容詞	ベージュ色の
belge	名詞・形容詞	ベルギー人，ベルギーの
Belgique	名詞 f.	ベルギー（国名）
belle-mère	名詞 f.	義母
beurre	名詞 m.	バター
bibliothèque	名詞 f.	図書館
bien	副詞	上手に，良く
bien que...	接続詞句	～にもかかわらず
bien sûr		もちろん
bière	名詞 f.	ビール
Blanc	名詞 m.	ブラン（人名：姓）
blanc(he)	形容詞	白い
bleu(e)	形容詞	青い
blond(e)	形容詞	金髪の
blouson	名詞 m.	ジャンパー
bœuf	名詞 m.	牛肉
boire	動詞	飲む
bon(ne)	形容詞	良い，美味しい，善良な

Bordeaux	名詞	ボルドー（都市名）
bottes	名詞 f. pl.	ブーツ
bouche	名詞 f.	口
bouteille	名詞 f.	瓶
boutique	名詞 f.	ブティック，小規模な小売店
bracelet	名詞 m.	ブレスレット
bras	名詞 m.	腕
brave	形容詞	勇敢な
breton(ne)	形容詞	ブルターニュ地方の，ブルターニュ人の，ブルターニュ語の
brun(e)	形容詞	褐色の
bureau(x)	名詞 m.	机，事務室，オフィス

C

ça	指示代名詞	→ p.50
cacher（se ～)	動詞	隠れる
café	名詞 m.	コーヒー
cahier	名詞 m.	ノート
calme	形容詞	静かな
Camille	名詞	カミーユ（人名）
campagne	名詞 f.	田舎，田畑，田園地帯
Canada	名詞 m.	カナダ（国名）
capable (de...)	形容詞	（～することが）できる
capitale	名詞 f.	首都
car	接続詞	というのは
carrefour	名詞 m.	交差点
carte	名詞 f.	カード，メニュー，地図
ce	指示形容詞	→ p.22
ce	指示代名詞	→ p.50
ce jour-là		その日
ceci	指示代名詞	→ p.50
Cécile	名詞 f.	セシル（人名）
ceinture	名詞 f.	ベルト
cela	指示代名詞	→ p.50
celui	指示代名詞	→ p.50
chaise	名詞 f.	いす
chambre	名詞 f.	部屋，寝室
Champs-Élysées	名詞 m. pl.	シャンゼリゼ大通り（地名）
chance	名詞 f.	幸運
chanson	名詞 f.	歌
chanter	動詞	歌う
chanteur / chanteuse		
	名詞	歌手
chapeau(x)	名詞 m.	（つばのある）帽子

charmant(e)	形容詞	魅力的な
chat	名詞 m.	猫
châtain	形容詞	栗色の
château(x)	名詞 m.	城
chaud(e)	名詞m.·形容詞	暑さ，暑い
chauffeur	名詞 m.	運転手
chaussettes	名詞 f. pl.	靴下
chaussures	名詞 f. pl.	靴
chemise	名詞 f.	ワイシャツ
chèque	名詞 m.	小切手
cher / chère	形容詞	高価な，親しい
chéri(e)	形容詞	いとしい
cheveu(x)	名詞 m.	髪の毛
chez	前置詞	～の家へ（で）
chic	形容詞	粋な
chien	名詞 m.	犬
Chine	名詞 f.	中国（国名）
chinois(e)	名詞·形容詞	中国人，中国の，m. 中国語
Chloé	名詞 f.	クロエ（人名）
choisir	動詞	選ぶ
cinéma	名詞 m.	映画館，映画（ジャンル）
ciseaux	名詞 m. pl.	はさみ
Claire	名詞 f.	クレール（人名）
clef	名詞 f.	鍵
coiffeur / coiffeuse	名詞	理髪師，美容師
collège	名詞 m.	中学校
collier	名詞 m.	ネックレス
combien	疑問副詞	いくつ, いくら→ p.41
comme	接続詞	～のように，～として，～なので
commencer	動詞	始める，始まる
comment	疑問副詞	どのように
compter sur...		～を当てにする
concert	名詞 m.	コンサート
conduire	動詞	導く，運転する
confiture	名詞 f.	ジャム
connaître	動詞	知っている
connu(e)	形容詞	知られている
content(e)	形容詞	満足している，喜んでいる
continuer	動詞	続ける
Corée	名詞 f.	朝鮮（地名）
coréen(ne)	名詞·形容詞	朝鮮人，朝鮮の，m. 朝鮮語
costume	名詞 m.	スーツ，衣装
cou	名詞 m.	首
coucher (se ～)	動詞	寝る
coude	名詞 m.	ひじ
couleur	名詞 f.	色
courage	名詞 m.	勇気
courir	動詞	走る
cours	名詞 m.	講義，流れ
course	名詞 f.	競争，用事，（複数で）買い物
cousin(e)	名詞	いとこ
coûter	動詞	（値段が）～である
craindre	動詞	恐れる
cravate	名詞 f.	ネクタイ
crayon	名詞 m.	鉛筆，フェルトペン
croire	動詞	信じる，思う
croissant	名詞 m.	三日月，クロワッサン
cuisine	名詞 f.	料理
cuisiner	動詞	料理をする

D

d'accord		了解だ，賛成だ
dans	前置詞	～の中に（空間），今から～後に（時間）
danser	動詞	踊る
date	名詞 f.	日付
de	前置詞	～から（出所），～の（所有），～のうちで（選択範囲）
débrouiller (se ～)	動詞	（困難を）切り抜ける
décédé(e)	形容詞	逝去した
décembre	名詞 m.	12月
découvrir	動詞	発見する
déjà	副詞	もう，すでに
déjeuner	名詞m.·動詞	昼食，昼食をとる
demain	副詞	明日
demander	動詞	尋ねる，要求する
demi(e)	形容詞	半分の
dents	名詞 f. pl.	歯
dépêcher(se ～)	動詞	急ぐ
dernier / dernière	形容詞	最後の，この前の
derrière	前置詞	～の後ろに
des		de+les → p.30
descendre	動詞	下がる，降りる
désirer	動詞	欲する，～したい

dessert	名詞 m.	デザート
dessin animé	名詞 m.	アニメ
détaxe	名詞 f.	免税
détester	動詞	大嫌いである
deuxième	形容詞	二番目の
devant	前置詞	～の前に（場所）
devenir	動詞	～になる
devoir	動詞	～しなければならない，借りがある
devoir	名詞 m.	義務，宿題
d'habitude		いつもは
dictionnaire	名詞 m.	辞書
dimanche	名詞 m.	日曜日
dîner	名詞 m.・動詞	夕食，夕食をとる
dire	動詞	言う
diriger	動詞	経営する
doit	名詞 m.	指
donc	接続詞・副詞	それゆえに，まさか
donner	動詞	与える
dont	関係代名詞	→ p.58
dormir	動詞	眠る
dos	名詞 m.	背中
doucemet	副詞	ゆっくりと
douter	動詞	疑う
doux / douce	形容詞	甘い，柔らかい，心地よい
du	部分冠詞	→ p.42
du		de+le → p.30

E

eau(x)	名詞 f.	水
école	名詞 f.	学校
économie	名詞 f.	経済，経済学
écouter	動詞	聴く
écrire	動詞	書く，手紙を書く
écrivain	名詞 m.	作家
église	名詞 f.	教会
Eiffel（la tour ～）	名詞 f.	エッフェル塔
élégant(e)	形容詞	優雅な
emploi	名詞 m.	使用，職
employé(e)	名詞	従業員
en	前置詞	～で（場所），～へ（行き先），～における（分野）
en	中性代名詞	→ p.30, 42
en face de...		～の正面に
en tout cas		いずれにせよ

encore	副詞	まだ，さらに
enfance	名詞 f.	子ども時代
enfant	名詞	子ども
entendre	動詞	聞こえる，理解する
entre（...et）...	前置詞	（～と）～の間に
entreprise	名詞 f.	会社
entrer	動詞	入る
envoyer	動詞	送る
épaule	名詞 f.	肩
époux / épouse	名詞	配偶者
épuisé(e)	形容詞	疲れ果てた
Espagne	名詞 f.	スペイン（国名）
espagnol(e)	名詞・形容詞	スペイン人，スペインの，m. スペイン語
essayer	動詞	試みる
estomac	名詞 m.	胃
et	接続詞	～と，そして
États-Unis	名詞 m. pl.	アメリカ合衆国（国名）
été	名詞 m.	夏
étonner（s' ～）	動詞	驚く，変だと思う
être	動詞	～である，居る，在る
étudiant(e)	名詞	大学生
euro	名詞 m.	ユーロ（通貨単位）
Europe	名詞 f.	ヨーロッパ（大陸・地方名）
examen	名詞 m.	試験
excursion	名詞 f.	小旅行，遠足
exposition	名詞 f.	展覧会

F

fac（=faculté）	名詞 f.	大学，学部
facile	形容詞	易しい
faible	形容詞	弱い
faim	名詞 f.	空腹
faire	動詞	する，作る
faire nuit		夜になる
falloir	動詞	～しなければならない，～する必要がある
famille	名詞 f.	家族
fatigué(e)	形容詞	疲れた
femme	名詞 f.	女性，妻（épouse）
fenêtre	名詞 f.	窓
fermé(e)	形容詞	閉まった
fermer	動詞	閉める，閉まる
fesses	名詞 f. pl.	尻
feuille	名詞 f.	紙片
février	名詞 m.	2月

fille	名詞 f.	娘，少女
film	名詞 m.	映画
fils	名詞 m.	息子
fin(e)	形容詞	繊細な，細かい，薄い
finir	動詞	終える，終わる
fleur	名詞 f.	花
Florence	名詞 f.	フロランス（人名）
flûte	名詞 f.	フルート
football	名詞 m.	サッカー
forêt	名詞 f.	森
fort(e)	形容詞	強い
frais / fraîche	形容詞	新鮮な，さわやかな
fraise	名詞 f.	イチゴ
français(e)	名詞・形容詞	フランス人，フランスの，m. フランス語
France	名詞 f.	フランス（国名）
frère	名詞 m.	兄弟
frigo	名詞 m.	冷蔵庫
froid(e)	名詞m.・形容詞	寒さ，寒い
fromage	名詞 m.	チーズ
fruit	名詞 m.	果物

G

gai(e)	形容詞	陽気な
gants	名詞 m. pl.	手袋
garçon	名詞 m.	少年，(カフェの)ボーイ
gare	名詞 f.	駅
gâteau(x)	名詞 m.	菓子
gêner	動詞	迷惑をかける
genou(x)	名詞 m.	ひざ
gentil(le)	形容詞	親切な，優しい
glace	名詞 f.	アイスクリーム
gomme	名詞 f.	消しゴム
gramme	名詞 m.	グラム
grand magasin	名詞 m.	デパート
grand(e)	形容詞	大きな，偉大な
grand-mère	名詞 f.	祖母
grand-père	名詞 m.	祖父
Grèce	名詞 f.	ギリシャ（国名）
gris(e)	形容詞	灰色の
gros(se)	形容詞	太った
Guillaume	名詞 m.	ギヨーム（人名）
guitare	名詞 f.	ギター

H

habiter	動詞	住む
hasard	名詞 m.	偶然
haut(e)	形容詞・副詞	高い，高く

Henri	名詞 m.	アンリ（人名）
héros / héroïne	名詞	主人公
heure	名詞 f.	時間，～時
heureux / heureuse		
	形容詞	幸せな
hier	副詞	昨日
histoire	名詞 f.	歴史，物語
hiver	名詞 m.	冬
homme	名詞 m.	男，人間
hôtel	名詞 m.	ホテル
huile	名詞 f.	油

I

ici	副詞	ここに，ここで
il faut que...		～しなければならない
il y a ...		今から～前に（時間）
il y a ...		～がある，居る
île	名詞 f.	島
impossible	形容詞	不可能な
imprimante	名詞 f.	プリンター
Inde	名詞 f.	インド（国名）
infirmier / infirmière		
	名詞	看護師
instituteur / institutrice		
	名詞	（小学校の）教師
intelligent(e)	形容詞	頭のいい
intéressant(e)	形容詞	興味深い，面白い
intéresser (s'～)	動詞	(à...) ～に興味を持つ，興味がある
inviter	動詞	招待する
Iran	名詞 m.	イラン（国名）
Italie	名詞 f.	イタリア（国名）
italien(ne)	名詞・形容詞	イタリア人，イタリアの，m. イタリア語

J

Jacques	名詞 m.	ジャック（人名）
jambe	名詞 f.	脚
jambon	名詞 m.	ハム
janvier	名詞 m.	1月
Japon	名詞 m.	日本（国名）
japonais(e)	名詞・形容詞	日本人，日本の，m. 日本語
jardin	名詞 m.	庭園
jaune	形容詞	黄色い
je	人称代名詞	（主語）→ p.14
jean	名詞 m.	ジーンズ，デニム
Jean	名詞 m.	ジャン（人名）

Jeanne	名詞 f.	ジャンヌ（人名）
jeu(x) vidéo	名詞 m.	テレビゲーム
jeudi	名詞 m.	木曜日
jeune	形容詞	若い
joli(e)	形容詞	きれいな，かわいい
jouer	動詞	遊ぶ，（à...）（スポーツを）する，（de...）（楽器を）演奏する→ p.65
jour	名詞 m.	日，昼
journal	名詞 m.	新聞，日記
journaliste	名詞	ジャーナリスト
juillet	名詞 m.	7月
juin	名詞 m.	6月
jupe	名詞 f.	スカート
jus	名詞 m.	ジュース
jusqu'à	前置詞	～まで（ずっと）
jusqu'à ce que...	接続詞句	～するまで

K

kilo	名詞 m.	キログラム

L

la veille	名詞 f.	前日
là-bas	副詞	向こうに，あそこに
laisser	動詞	置いて来る（行く），残す
lait	名詞 m.	牛乳
langue	名詞 f.	言語
laver (se ～) ...	動詞	自分を洗う，自分の～を洗う
le	中性代名詞	→ p.42
le	定冠詞	→ p.22
le lendemain	名詞 m.	翌日
le mien	所有代名詞	→ p.48
Léa	名詞 f.	レア（人名）
léger / légère	形容詞	軽い
légume	名詞 m.	野菜
lentement	副詞	ゆっくりと
lettre	名詞 f.	手紙
lever (se ～)	動詞	起きる
lèvres	名詞 f. pl.	唇
libre	形容詞	暇な，自由な
lire	動詞	読む
litre	名詞 m.	リットル
littérature	名詞 f.	文学
livre	名詞 f.	500グラム
livre	名詞 m.	本

Loire	名詞 f.	ロワール川，ロワール県（地名）
long(ue)	形容詞	長い
Louis	名詞 m.	ルイ（人名）
lourd(e)	形容詞	重い
Louvre (le ～)	名詞 m.	ルーブル美術館（le musée du Louvre）
lundi	名詞 m.	月曜日
lunettes	名詞 f. pl.	眼鏡
lycéen(ne)	名詞	高校生
Lyon	名詞	リヨン（都市名）

M

magazine	名詞 m.	雑誌
mai	名詞 m.	5月
main	名詞 f.	手
mais	接続詞	しかし
maison	名詞 f.	家
malade	形容詞	病気の
malheureux / malheureuse	形容詞	不幸な
manga	名詞 m.	（日本の）漫画
manger	動詞	食べる
marché	名詞 m.	市場
marcher	動詞	歩く
mardi	名詞 m.	火曜日
mari	名詞 m.	夫（époux）
Marie	名詞 f.	マリー（人名）
marier (se ～)	動詞	結婚する，互いに結婚する
marocain(e)	名詞・形容詞	モロッコ人，モロッコの
marron	名詞 m.・形容詞	栗，栗色の
mars	名詞 m.	3月
Marseille	名詞	マルセイユ（都市名）
matin	名詞 m.	朝，午前
mauvais(e)	形容詞	悪い
me	人称代名詞	（目的語）→ p.48
médecin	名詞 m.	医者
meilleur(e)	形容詞	bon の比較級→ p.58
même	形容詞	同じ，同一の
ménage	名詞 m.	掃除，家事
mer	名詞 f.	海
mercredi	名詞 m.	水曜日
mère	名詞 f.	母親
métier	名詞 m.	職業
métro	名詞 m.	地下鉄

mettre	動詞	置く，入れる，身につける	ne...jamais		決して〜ない，一度も〜ない	
Michel / Michèle			ne...ni...ni...		〜も〜も〜ない	
	名詞	ミシェル（人名）	ne...plus		もう〜ない	
midi	名詞 m.	昼，正午，南	neiger	動詞	雪が降る	
mieux	副詞	bien の比較級→ p.58	neveu(x)	名詞 m.	甥	
mignon(ne)	形容詞	かわいい	nez	名詞 m.	鼻	
mil	数詞	千（年号に用いる =mille）	Nice	名詞	ニース（都市名）	
			nièce	名詞 f.	姪	
mince	形容詞	ほっそりした	Noël	名詞 m.	クリスマス	
minuit	名詞 m.	真夜中，午前零時	noir(e)	形容詞	黒い	
minute	名詞 f.	分	nom	名詞 m.	名前	
moi	人称代名詞	（自立形）→ p.22	non	副詞	いいえ	
moins	前置詞	〜分前	Notre-Dame	名詞 f.	ノートルダム大聖堂	
moins	副詞	より程度が低く（劣等比較級を作る），より少なく（beaucoup の劣等比較級）→ p.58	nouveau / nouvelle			
				形容詞	新しい→ p.26	
			novembre	名詞 m.	11月	
			nuage	名詞 m.	雲	
mois	名詞 m.	（暦の）月	nuit	名詞 f.	夜	
mon	所有形容詞	→ p.26	**O**			
monde	名詞 m.	世界，人々	obéir	動詞	従う	
mont	名詞 m.	（山名の前につけて）〜山	occupé(e)	形容詞	忙しい	
			octobre	名詞 m.	10月	
montagne	名詞 f.	山	œil / pl. : yeux	名詞 m.	目	
monter	動詞	登る	œuf	名詞 m.	卵	
montre	名詞 f.	腕時計	office de tourisme	名詞 m.	観光案内所	
montrer	動詞	見せる	offrir	動詞	贈る	
Mont-Saint-Michel			Olivier	名詞 m.	オリヴィエ（人名）	
	名詞 m.	モン＝サン＝ミシェル（地名）	on	不定代名詞	人（々）は，私たちは，（その他様々な主語代名詞の代用となる）	
moquer（se 〜）	動詞	（de...）〜を馬鹿にする，からかう	oncle	名詞 m.	伯父，叔父	
morceau(x)	名詞 m.	かけら	opéra	名詞 m.	オペラ	
moto	名詞 f.	バイク	or	接続詞	ところで	
mouchoir	名詞 m.	ハンカチ	orage	名詞 m.	嵐	
mourir	動詞	死ぬ	orange	名詞 f.	オレンジ	
musée	名詞 m.	美術館，博物館	ordinateur	名詞 m.	コンピューター	
musicien(ne)	名詞	音楽家	oreille	名詞 f.	耳	
musique	名詞 f.	音楽	Orsay	名詞	オルセー美術館（le musée d'Orsay）	
N			où	疑問副詞	どこで，どこへ→ p.41	
nager	動詞	泳ぐ	où	関係代名詞	→ p.58	
naissance	名詞 f.	誕生	oublier	動詞	忘れる	
naître	動詞	生まれる	oui	副詞	はい	
natation	名詞 f.	水泳	ouvrier / ouvrière	名詞	工員	
national(e)	形容詞	国家の，国立の	ouvrir	動詞	開ける，開く	
nationalité	名詞 f.	国籍				

P

pain	名詞 m.	パン
pantalon	名詞 m.	ズボン
papa	名詞 m.	お父さん
paquebot de luxe	名詞 m.	豪華客船
par	前置詞	～によって
parapluie	名詞 m.	傘
parc	名詞 m.	公園
parce que…	接続詞句	～なので
parent	名詞 m.	父母，親
Paris	名詞 m.	パリ（都市名）
parisien(ne)	名詞・形容詞	パリ人，パリ（人）の
parler	動詞	話す
partir	動詞	出発する
passer	動詞	通過する，渡す，（試験を）受ける
pâtissier / pâtissière		
	名詞	菓子職人
Paul	名詞 m.	ポール（人名）
pauvre	形容詞	貧しい，哀れな
payer	動詞	支払う
pays	名詞 m.	国
Pays-Bas	名詞 m. pl.	オランダ（国名）
peinture	名詞 f.	絵画
penser	動詞	考える，思う
père	名詞 m.	父親
personne（+ne）		誰も～ない
petit(e)	形容詞	小さい
petit-déjeuner	名詞 m.	朝食
peu	副詞	あまり～ない
pharmacie	名詞 f.	薬局
Philippines	名詞 f. pl.	フィリピン（国名）
photo	名詞 f.	写真
photographe	名詞	写真家
piano	名詞 m.	ピアノ
pied	名詞 m.	足
Pierre	名詞 m.	ピエール（人名）
piscine	名詞 f.	プール
plaisir	名詞 m.	喜び
pleuvoir	動詞	雨が降る
plupart	名詞 f.	大部分，大多数
plus	副詞	より程度が高く（優等比較級を作る），より多く（beaucoup の優等比較級）→ p.58

pointure	名詞 f.	（靴，帽子などの）サイズ
poire	名詞 f.	梨
poisson	名詞 m.	魚
poitrine	名詞 f.	胸
pomme	名詞 f.	リンゴ
pomme de terre	名詞 f.	ジャガイモ
pont	名詞 m.	橋
porc	名詞 m.	豚肉
portable	名詞 m.	携帯電話（téléphone portable）
porte	名詞 f.	ドア，門
portefeuille	名詞 m.	財布，紙入れ
porter	動詞	背負う，身につけている
portugais	名詞 m.	ポルトガル語
Portugal	名詞 m.	ポルトガル（国名）
poste	名詞 f.	郵便局
poulet	名詞 m.	鶏肉
poupée	名詞 f.	人形
pour	前置詞	～のために，～へ向けて
pour la première fois		初めて
pour que...	接続詞句	～するために
pourquoi	疑問副詞	なぜ→ p.41
pourvu que...	接続詞句	～しさえすれば，～であればよいが
pouvoir	動詞	～できる（可能性）
préférer	動詞	より好む
premier / première		
	形容詞	第一の，最初の
prendre	動詞	取る，（写真を）撮る
prénom	名詞 m.	名前（姓名のうち名）
préparer	動詞	準備する
présenter	動詞	紹介する
prêter	動詞	(à...)～を（～に）貸す
printemps	名詞 m.	春
problème	名詞 m.	問題
prochain(e)	形容詞	次の
professeur	名詞 m.	教師
profession	名詞 f.	職業
promener（se ～）	動詞	散歩する
Provence	名詞 f.	プロヴァンス（地方名）

Q

quand	疑問副詞	いつ→ p.41

quand	接続詞	～する時に，～する時は	
quart	名詞 m.	四分の一，15分	
que	接続詞	～ということ，～よりも（比較の対象）	
que	関係代名詞	→ p.58	
que / qu'est-ce que	疑問代名詞	何を→ p.42	
quel	疑問形容詞	どんな，何→ p.46	
quelque chose	不定代名詞	何か	
qu'est-ce qui	疑問代名詞	何が→ p.42	
qui	関係代名詞	→ p.58	
qui（前置詞 + ～）	疑問代名詞	→ p.42	
qui / qui est-ce que	疑問代名詞	誰を→ p.42	
qui / qui est-ce qui	疑問代名詞	誰が→ p.42	
quitter	動詞	（場所から）離れる，（人と）別れる	
quoi（前置詞 + ～）	疑問代名詞	→ p.42	
quoique...	接続詞	～にもかかわらず	

R

raisin	名詞 m.	ブドウ
raison	名詞 f.	道理
randonnée	名詞 f.	ハイキング
rapidement	副詞	迅速に，急いで
recevoir	動詞	受け取る
réfléchir	動詞	よく考える，反省する
regarder	動詞	（注意して）見る
région	名詞 f.	地方
reins	名詞 m. pl.	腰
rencontrer	動詞	出会う，会う
rendez-vous	名詞 m.	会う約束
rendre	動詞	返す，～にする
rentrer	動詞	戻る，帰宅する
répondre	動詞	返事をする
reposer（se ～）	動詞	休養する
respecter	動詞	尊敬する
restaurant	名詞 m.	レストラン
rester	動詞	留まる，滞在する
réussir	動詞	成功する，（試験に）合格する
réveiller（se ～）	動詞	目覚める
revenir	動詞	戻って来る，帰って来る
riche	形容詞	豊かな，裕福な

rien（+ne）		何も～ない
rivière	名詞 f.	川
riz	名詞 m.	米
robe	名詞 f.	ワンピース，ドレス
Roland-Garros	名詞 m.	ローラン = ガロス（テニス競技場名）
roman	名詞 m.	小説
roquefort	名詞 m.	ロックフォール（羊の乳で作る青カビチーズ）
rouge	形容詞	赤い
rougir	動詞	赤くなる
roux / rousse	形容詞	赤褐色の，赤毛の
rue	名詞 f.	通り
russe	名詞・形容詞	ロシア人，ロシアの，m. ロシア語
Russie	名詞	ロシア（国名）

S

sac	名詞 m.	カバン
saison	名詞 f.	季節
samedi	名詞 m.	土曜日
savoir	動詞	知っている，～できる（能力）
sel	名詞 m.	塩
semaine	名詞 f.	週，週日
sentir	動詞	感じる
sentir（se ～）...	動詞	自分が～だと感じる
septembre	名詞 m.	9月
sérieusement	副詞	真面目に，真剣に
servir	動詞	給仕する，役立つ
seul(e)	形容詞	唯一の
si	接続詞	もし～なら，～かどうか
si	副詞	いいえ（否定疑問に対して）
ski	名詞 m.	スキー
sœur	名詞 f.	姉妹
soif	名詞 f.	喉の渇き
soir	名詞 m.	夕方，晩
sommeil	名詞 m.	眠気
sonner	動詞	呼び鈴を鳴らす
Sophie	名詞 f.	ソフィ（人名）
sortir	動詞	外に出る，出かける
souffrir	動詞	苦しむ
souhaiter	動詞	願う
soupe	名詞 f.	スープ

sous	前置詞	〜の下に	
souvenir（se〜）	動詞	(de...)〜を思い出す，覚えている	
souvent	副詞	しばしば	
sport	名詞 m.	スポーツ	
sportif / sportive	形容詞	スポーツ好きの	
station	名詞 f.	（地下鉄の）駅	
Strasbourg	名詞	ストラスブール(都市名)	
styliste	名詞	デザイナー，名文家	
stylo	名詞 m.	ペン	
Suède	名詞 f.	スウェーデン（国名）	
Suisse	名詞 f.	スイス（国名）	
suisse	名詞・形容詞	スイス人，スイスの	
supermarché	名詞 m.	スーパーマーケット	
sur	前置詞	〜の上に	
sûr(e)	形容詞	確信した	
svelte	形容詞	すらっとした	
sympathique	形容詞	感じの良い	

T

table	名詞 f.	テーブル	
tâcher de...	動詞	〜しようと努める	
taille	名詞 f.	身長，服のサイズ	
tant que...	接続詞句	〜ほど，〜だけ，〜するかぎり	
tante	名詞 f.	伯母，叔母	
tard	副詞	遅くに（時間）	
tasse	名詞 f.	カップ	
téléphone portable	名詞 m.	携帯電話	
téléphoner	動詞	電話をかける	
télévision	名詞 f.	テレビ	
temps	名詞 m.	時間，天気	
tennis	名詞 m.	テニス	
terminer	動詞	終える，終了する	
tête	名詞 f.	頭	
thé	名詞 m.	紅茶	
théâtre	名詞 m.	劇場，演劇	
Thomas	名詞 m.	トマ（人名）	
timbre	名詞 m.	切手	
timide	形容詞	おとなしい，臆病な	
Tintin	名詞 m.	タンタン（人名）	
toilettes	名詞 f. pl.	トイレ	
tomate	名詞 f.	トマト	
tomber	動詞	落ちる，倒れる	
tort	名詞 m.	間違い	
tôt	副詞	早くに（時間）	
toujours	副詞	いつも	

Toulouse	名詞	トゥールーズ(都市名)	
tour	名詞 m.	回ること，周遊旅行	
tour	名詞 f.	塔	
tour du monde		世界一周	
tourner	動詞	曲がる，回る	
tournoi	名詞 m.	トーナメント	
tout m. / tous m. pl. / toute f. / toutes f. pl.			
	不定形容詞・不定代名詞	すべての，全体の，すべての物・人，全体	
tous les jours		毎日	
tous les soirs		毎晩	
tout de suite		すぐに	
tout droit	副詞	まっすぐに	
tout le monde		みんな，全員	
toute la journée		一日中ずっと	
train	名詞 m.	列車	
tranche	名詞 f.	薄い一片	
travail / pl. : travaux			
	名詞 m.	仕事	
travailler	動詞	働く	
traverser	動詞	横切る	
très	副詞	非常に，とても	
trop	副詞	あまりにも	
trousse	名詞 f.	用具入れ，筆箱	
T-Shirt(tee-shirt)	名詞 m.	Tシャツ	

U

un	不定冠詞	→ p.22	
un peu de...		少しの	
unique	形容詞	唯一の	
université	名詞 f.	大学	
usine	名詞 f.	工場	

V

vacances	名詞 f. pl.	休暇，バカンス	
valise	名詞 f.	スーツケース	
vase	名詞 m.	花瓶	
vélo	名詞 m.	自転車	
vendre	動詞	売る	
vendredi	名詞 m.	金曜日	
venir	動詞	来る	
ventre	名詞 m.	腹	
verité	名詞 f.	真実	
verre	名詞 m.	ガラス，グラス	
vers	前置詞	〜ごろに（時刻），〜のあたりに（場所），〜に向かって	

vert(e)	形容詞	緑色の	
veste	名詞 f.	上着，ジャケット	
viande	名詞 f.	肉	
Victoire	名詞 f.	ヴィクトワール（人名：姓）	
vietnamien(ne)	名詞・形容詞	ベトナム人，ベトナムの	
vieux / vieille	形容詞	年老いた，古い→ p.26	
ville	名詞 f.	町，都市	
vin	名詞 m.	ワイン	
violet(te)	形容詞	紫色の	
violon	名詞 m.	バイオリン	
visiter	動詞	（場所）を訪問する	
vite	副詞	速く（速度）	

vivement	副詞	すばやく，痛切に	
vivre	動詞	生きる，生活する	
voilà	副詞	そこに〜がある	
voir	動詞	（自然に）見える，会う	
voiture	名詞 f.	自動車	
vouloir	動詞	欲する，〜したい	
voyage	名詞 m.	旅行	
voyager	動詞	旅行する	

W

week-end	名詞 m.	週末	

Y

y	中性代名詞	→ p.30	
yeux	名詞 m. pl.	→ œil	

オ・パ・カマラッド！
― 足並みそろえて，フランス語 ―
（改訂二版）

藤　本　武　司
藤　田　義　孝
井　上　直　子　著
柏　木　加代子
柏　木　隆　雄
上　江　洲　律　子

2024．2．1 改訂二版 1 刷発行

発行者　上野 名保子

〒101-0062 東京都千代田区神田駿河台 3 の 7
発行所　電話 03 (3291) 1676 FAX 03 (3291) 1675
　　　　振替 00190-3-56669
株式会社　駿河台出版社

製版　フォレスト／印刷・製本　三友印刷
http://www.e-surugadai.com
ISBN 978-4-411-00836-7　C1085

動 詞 活 用 表

◇ 活用表中，現在分詞と過去分詞はイタリック体，
また書体の違う活用は，とくに注意すること.

accueillir	22	écrire	40	pleuvoir	61
acheter	10	émouvoir	55	pouvoir	54
acquérir	26	employer	13	préférer	12
aimer	7	envoyer	15	prendre	29
aller	16	être	2	recevoir	52
appeler	11	être aimé(e)(s)	5	rendre	28
(s')asseoir	60	être allé(e)(s)	4	résoudre	42
avoir	1	faire	31	rire	48
avoir aimé	3	falloir	62	rompre	50
battre	46	finir	17	savoir	56
boire	41	fuir	27	sentir	19
commencer	8	(se) lever	6	suffire	34
conclure	49	lire	33	suivre	38
conduire	35	manger	9	tenir	20
connaître	43	mettre	47	vaincre	51
coudre	37	mourir	25	valoir	59
courir	24	naître	44	venir	21
craindre	30	ouvrir	23	vivre	39
croire	45	partir	18	voir	57
devoir	53	payer	14	vouloir	58
dire	32	plaire	36		

◇ 単純時称の作り方

不定法		直説法現在			接続法現在		直説法半過去	
—er　[e] —ir　[ir] —re　[r] —oir　[war]	je (j')	—e　[無音]	—s　[無音]		—e　[無音]		—ais　[ɛ]	
	tu	—es　[無音]	—s　[無音]		—es　[無音]		—ais　[ɛ]	
	il	—e　[無音]	—t　[無音]		—e　[無音]		—ait　[ɛ]	
現在分詞	nous	—ons　[ɔ̃]			—ions　[jɔ̃]		—ions　[jɔ̃]	
	vous	—ez　[e]			—iez　[je]		—iez　[je]	
—ant [ã]	ils	—ent　[無音]			—ent　[無音]		—aient　[ɛ]	

	直説法単純未来		条件法現在	
je (j')	—rai	[re]	—rais	[rɛ]
tu	—ras	[rɑ]	—rais	[rɛ]
il	—ra	[ra]	—rait	[rɛ]
nous	—rons	[rɔ̃]	—rions	[rjɔ̃]
vous	—rez	[re]	—riez	[rje]
ils	—ront	[rɔ̃]	—raient	[rɛ]

	直　説　法　単　純　過　去					
je	—ai	[e]	—is	[i]	—us	[y]
tu	—as	[ɑ]	—is	[i]	—us	[y]
il	—a	[a]	—it	[i]	—ut	[y]
nous	—âmes	[am]	—îmes	[im]	—ûmes	[ym]
vous	—âtes	[at]	—îtes	[it]	—ûtes	[yt]
ils	—èrent	[ɛr]	—irent	[ir]	—urent	[yr]

過去分詞	—é [e], —i [i], —u [y], —s [無音], —t [無音]

①**直説法現在**の単数形は，第一群動詞では—e，—es，—e；他の動詞ではほとんど—s，—s，—t.

②**直説法現在と接続法現在**では，nous, vous の語幹が，他の人称の語幹と異なること(母音交替)がある.

③**命令法**は，直説法現在の tu, nous, vous をとった形.（ただし—es → e　vas → va）

④**接続法現在**は，多く直説法現在の3人称複数形から作られる. ils partent → je parte.

⑤**直説法半過去**と**現在分詞**は，直説法現在の1人称複数形から作られる.

⑥**直説法単純未来**と**条件法現在**は多く不定法から作られる. aimer → j'aimerai, finir → je finirai, rendre → je rendrai(-oir 型の語幹は不規則).

1. avoir

現在分詞
ayant

過去分詞
eu [y]

	直　説　法					
現　在		**半　過　去**		**単　純　過　去**		
j'	ai	j'	avais	j'	eus	[y]
tu	as	tu	avais	tu	eus	
il	a	il	avait	il	eut	
nous	avons	nous	avions	nous	eûmes	
vous	avez	vous	aviez	vous	eûtes	
ils	ont	ils	avaient	ils	eurent	

命　令　法

aie

ayons
ayez

複　合　過　去			**大　過　去**			**前　過　去**		
j'	ai	eu	j'	avais	eu	j'	eus	eu
tu	as	eu	tu	avais	eu	tu	eus	eu
il	a	eu	il	avait	eu	il	eut	eu
nous	avons	eu	nous	avions	eu	nous	eûmes	eu
vous	avez	eu	vous	aviez	eu	vous	eûtes	eu
ils	ont	eu	ils	avaient	eu	ils	eurent	eu

2. être

現在分詞
étant

過去分詞
été

	直　説　法					
現　在		**半　過　去**		**単　純　過　去**		
je	suis	j'	étais	je	fus	
tu	es	tu	étais	tu	fus	
il	est	il	était	il	fut	
nous	sommes	nous	étions	nous	fûmes	
vous	êtes	vous	étiez	vous	fûtes	
ils	sont	ils	étaient	ils	furent	

命　令　法

sois

soyons
soyez

複　合　過　去			**大　過　去**			**前　過　去**		
j'	ai	été	j'	avais	été	j'	eus	été
tu	as	été	tu	avais	été	tu	eus	été
il	a	été	il	avait	été	il	eut	été
nous	avons	été	nous	avions	été	nous	eûmes	été
vous	avez	été	vous	aviez	été	vous	eûtes	été
ils	ont	été	ils	avaient	été	ils	eurent	été

3. avoir aimé

［複合時称］

分詞複合形
ayant aimé

複　合　過　去			**大　過　去**			**前　過　去**		
j'	ai	aimé	j'	avais	aimé	j'	eus	aimé
tu	as	aimé	tu	avais	aimé	tu	eus	aimé
il	a	aimé	il	avait	aimé	il	eut	aimé
elle	a	aimé	elle	avait	aimé	elle	eut	aimé
nous	avons	aimé	nous	avions	aimé	nous	eûmes	aimé
vous	avez	aimé	vous	aviez	aimé	vous	eûtes	aimé
ils	ont	aimé	ils	avaient	aimé	ils	eurent	aimé
elles	ont	aimé	elles	avaient	aimé	elles	eurent	aimé

命　令　法

aie aimé

ayons aimé
ayez aimé

4. être allé(e)(s)

［複合時称］

分詞複合形
étant allé(e)(s)

複　合　過　去			**大　過　去**			**前　過　去**		
je	suis	allé(e)	j'	étais	allé(e)	je	fus	allé(e)
tu	es	allé(e)	tu	étais	allé(e)	tu	fus	allé(e)
il	est	allé	il	était	allé	il	fut	allé
elle	est	allée	elle	était	allée	elle	fut	allée
nous	sommes	allé(e)s	nous	étions	allé(e)s	nous	fûmes	allé(e)s
vous	êtes	allé(e)(s)	vous	étiez	allé(e)(s)	vous	fûtes	allé(e)(s)
ils	sont	allés	ils	étaient	allés	ils	furent	allés
elles	sont	allées	elles	étaient	allées	elles	furent	allées

命　令　法

sois allé(e)

soyons allé(e)s
soyez allé(e)(s)

		条 件 法			接 続 法		

単 純 未 来 / 現 在 (条件法) / 現 在 (接続法) / 半 過 去

単 純 未 来	現 在 (条件法)	現 在 (接続法)	半 過 去
j' aurai	j' aurais	j' aie	j' eusse
tu auras	tu aurais	tu aies	tu eusses
il aura	il aurait	il ait	il eût
nous aurons	nous aurions	nous ayons	nous eussions
vous aurez	vous auriez	vous ayez	vous eussiez
ils auront	ils auraient	ils aient	ils eussent

前 未 来 / 過 去 / 過 去 / 大 過 去

前 未 来	過 去	過 去	大 過 去
j' aurai eu	j' aurais eu	j' aie eu	j' eusse eu
tu auras eu	tu aurais eu	tu aies eu	tu eusses eu
il aura eu	il aurait eu	il ait eu	il eût eu
nous aurons eu	nous aurions eu	nous ayons eu	nous eussions eu
vous aurez eu	vous auriez eu	vous ayez eu	vous eussiez eu
ils auront eu	ils auraient eu	ils aient eu	ils eussent eu

		条 件 法			接 続 法		

単 純 未 来 / 現 在 / 現 在 / 半 過 去

単 純 未 来	現 在 (条件法)	現 在 (接続法)	半 過 去
je serai	je serais	je sois	je fusse
tu seras	tu serais	tu sois	tu fusses
il sera	il serait	il soit	il fût
nous serons	nous serions	nous soyons	nous fussions
vous serez	vous seriez	vous soyez	vous fussiez
ils seront	ils seraient	ils soient	ils fussent

前 未 来 / 過 去 / 過 去 / 大 過 去

前 未 来	過 去	過 去	大 過 去
j' aurai été	j' aurais été	j' aie été	j' eusse été
tu auras été	tu aurais été	tu aies été	tu eusses été
il aura été	il aurait été	il ait été	il eût été
nous aurons été	nous aurions été	nous ayons été	nous eussions été
vous aurez été	vous auriez été	vous ayez été	vous eussiez été
ils auront été	ils auraient été	ils aient été	ils eussent été

		条 件 法			接 続 法		

前 未 来 / 過 去 / 過 去 / 大 過 去

前 未 来	過 去	過 去	大 過 去
j' aurai aimé	j' aurais aimé	j' aie aimé	j' eusse aimé
tu auras aimé	tu aurais aimé	tu aies aimé	tu eusses aimé
il aura aimé	il aurait aimé	il ait aimé	il eût aimé
elle aura aimé	elle aurait aimé	elle ait aimé	elle eût aimé
nous aurons aimé	nous aurions aimé	nous ayons aimé	nous eussions aimé
vous aurez aimé	vous auriez aimé	vous ayez aimé	vous eussiez aimé
ils auront aimé	ils auraient aimé	ils aient aimé	ils eussent aimé
elles auront aimé	elles auraient aimé	elles aient aimé	elles eussent aimé

		条 件 法			接 続 法		

前 未 来 / 過 去 / 過 去 / 大 過 去

前 未 来	過 去	過 去	大 過 去
je serai allé(e)	je serais allé(e)	je sois allé(e)	je fusse allé(e)
tu seras allé(e)	tu serais allé(e)	tu sois allé(e)	tu fusses allé(e)
il sera allé	il serait allé	il soit allé	il fût allé
elle sera allée	elle serait allée	elle soit allée	elle fût allée
nous serons allé(e)s	nous serions allé(e)s	nous soyons allé(e)s	nous fussions allé(e)s
vous serez allé(e)(s)	vous seriez allé(e)(s)	vous soyez allé(e)(s)	vous fussiez allé(e)(s)
ils seront allés	ils seraient allés	ils soient allés	ils fussent allés
elles seront allées	elles seraient allées	elles soient allées	elles fussent allées

5. être aimé(e)(s) ［受動態］

直　説　法				接　続　法	

直　説　法

現 在			複 合 過 去			現 在		
je	suis	aimé(e)	j'	ai	été	aimé(e)	je	sois	aimé(e)

	現 在			複 合 過 去			現 在	
je	suis	aimé(e)	j'	ai été	aimé(e)	je	sois	aimé(e)
tu	es	aimé(e)	tu	as été	aimé(e)	tu	sois	aimé(e)
il	est	aimé	il	a été	aimé	il	soit	aimé
elle	est	aimée	elle	a été	aimée	elle	soit	aimée
nous	sommes	aimé(e)s	nous	avons été	aimé(e)s	nous	soyons	aimé(e)s
vous	êtes	aimé(e)(s)	vous	avez été	aimé(e)(s)	vous	soyez	aimé(e)(s)
ils	sont	aimés	ils	ont été	aimés	ils	soient	aimés
elles	sont	aimées	elles	ont été	aimées	elles	soient	aimées

	半 過 去			大 過 去			過 去	
j'	étais	aimé(e)	j'	avais été	aimé(e)	j'	aie	été aimé(e)
tu	étais	aimé(e)	tu	avais été	aimé(e)	tu	aies	été aimé(e)
il	était	aimé	il	avait été	aimé	il	ait	été aimé
elle	était	aimée	elle	avait été	aimée	elle	ait	été aimée
nous	étions	aimé(e)s	nous	avions été	aimé(e)s	nous	ayons	été aimé(e)s
vous	étiez	aimé(e)(s)	vous	aviez été	aimé(e)(s)	vous	ayez	été aimé(e)(s)
ils	étaient	aimés	ils	avaient été	aimés	ils	aient	été aimés
elles	étaient	aimées	elles	avaient été	aimées	elles	aient	été aimées

	単 純 過 去			前 過 去			半 過 去	
je	fus	aimé(e)	j'	eus été	aimé(e)	je	fusse	aimé(e)
tu	fus	aimé(e)	tu	eus été	aimé(e)	tu	fusses	aimé(e)
il	fut	aimé	il	eut été	aimé	il	fût	aimé
elle	fut	aimée	elle	eut été	aimée	elle	fût	aimée
nous	fûmes	aimé(e)s	nous	eûmes été	aimé(e)s	nous	fussions	aimé(e)s
vous	fûtes	aimé(e)(s)	vous	eûtes été	aimé(e)(s)	vous	fussiez	aimé(e)(s)
ils	furent	aimés	ils	eurent été	aimés	ils	fussent	aimés
elles	furent	aimées	elles	eurent été	aimées	elles	fussent	aimées

	単 純 未 来			前 未 来			大 過 去	
je	serai	aimé(e)	j'	aurai été	aimé(e)	j'	eusse	été aimé(e)
tu	seras	aimé(e)	tu	auras été	aimé(e)	tu	eusses	été aimé(e)
il	sera	aimé	il	aura été	aimé	il	eût	été aimé
elle	sera	aimée	elle	aura été	aimée	elle	eût	été aimée
nous	serons	aimé(e)s	nous	aurons été	aimé(e)s	nous	eussions	été aimé(e)s
vous	serez	aimé(e)(s)	vous	aurez été	aimé(e)(s)	vous	eussiez	été aimé(e)(s)
ils	seront	aimés	ils	auront été	aimés	ils	eussent	été aimés
elles	seront	aimées	elles	auront été	aimées	elles	eussent	été aimées

条　件　法

	現 在			過 去		
je	serais	aimé(e)	j'	aurais été	aimé(e)
tu	serais	aimé(e)	tu	aurais été	aimé(e)
il	serait	aimé	il	aurait été	aimé
elle	serait	aimée	elle	aurait été	aimée
nous	serions	aimé(e)s	nous	aurions été	aimé(e)s
vous	seriez	aimé(e)(s)	vous	auriez été	aimé(e)(s)
ils	seraient	aimés	ils	auraient été	aimés
elles	seraient	aimées	elles	auraient été	aimées

現在分詞

étant aimé(e)(s)

過去分詞

été aimé(e)(s)

命　令　法

sois	aimé(e)s
soyons	aimé(e)s
soyez	aimé(e)(s)

6. se lever ［代名動詞］

直　説　法				接　続　法	

直　説　法

現　在

je	me	lève
tu	te	lèves
il	se	lève
elle	se	lève
nous	nous	levons
vous	vous	levez
ils	se	lèvent
elles	se	lèvent

複　合　過　去

je	me	suis	levé(e)
tu	t'	es	levé(e)
il	s'	est	levé
elle	s'	est	levée
nous	nous	sommes	levé(e)s
vous	vous	êtes	levé(e)(s)
ils	se	sont	levés
elles	se	sont	levées

接　続　法

現　在

je	me	lève
tu	te	lèves
il	se	lève
elle	se	lève
nous	nous	levions
vous	vous	leviez
ils	se	lèvent
elles	se	lèvent

半　過　去

je	me	levais
tu	te	levais
il	se	levait
elle	se	levait
nous	nous	levions
vous	vous	leviez
ils	se	levaient
elles	se	levaient

大　過　去

je	m'	étais	levé(e)
tu	t'	étais	levé(e)
il	s'	était	levé
elle	s'	était	levée
nous	nous	étions	levé(e)s
vous	vous	étiez	levé(e)(s)
ils	s'	étaient	levés
elles	s'	étaient	levées

過　去

je	me	sois	levé(e)
tu	te	sois	levé(e)
il	se	soit	levé
elle	se	soit	levée
nous	nous	soyons	levé(e)s
vous	vous	soyez	levé(e)(s)
ils	se	soient	levés
elles	se	soient	levées

単　純　過　去

je	me	levai
tu	te	levas
il	se	leva
elle	se	leva
nous	nous	levâmes
vous	vous	levâtes
ils	se	levèrent
elles	se	levèrent

前　過　去

je	me	fus	levé(e)
tu	te	fus	levé(e)
il	se	fut	levé
elle	se	fut	levée
nous	nous	fûmes	levé(e)s
vous	vous	fûtes	levé(e)(s)
ils	se	furent	levés
elles	se	furent	levées

半　過　去

je	me	levasse
tu	te	levasses
il	se	levât
elle	se	levât
nous	nous	levassions
vous	vous	levassiez
ils	se	levassent
elles	se	levassent

単　純　未　来

je	me	lèverai
tu	te	lèveras
il	se	lèvera
elle	se	lèvera
nous	nous	lèverons
vous	vous	lèverez
ils	se	lèveront
elles	se	lèveront

前　未　来

je	me	serai	levé(e)
tu	te	seras	levé(e)
il	se	sera	levé
elle	se	sera	levée
nous	nous	serons	levé(e)s
vous	vous	serez	levé(e)(s)
ils	se	seront	levés
elles	se	seront	levées

大　過　去

je	me	fusse	levé(e)
tu	te	fusses	levé(e)
il	se	fût	levé
elle	se	fût	levée
nous	nous	fussions	levé(e)s
vous	vous	fussiez	levé(e)(s)
ils	se	fussent	levés
elles	se	fussent	levées

条　件　法

現　在

je	me	lèverais
tu	te	lèverais
il	se	lèverait
elle	se	lèverait
nous	nous	lèverions
vous	vous	lèveriez
ils	se	lèveraient
elles	se	lèveraient

過　去

je	me	serais	levé(e)
tu	te	serais	levé(e)
il	se	serait	levé
elle	se	serait	levée
nous	nous	serions	levé(e)s
vous	vous	seriez	levé(e)(s)
ils	se	seraient	levés
elles	se	seraient	levées

現在分詞

se levant

命　令　法

lève-toi
levons-nous
levez-vous

◇ se が間接補語のとき過去分詞は性・数の変化をしない.

不 定 法 現在分詞 過去分詞	直 説 法			
	現　在	半 過 去	単純過去	単純未来
7. aimer *aimant* *aimé*	j'　aime tu　aimes il　aime n.　aimons v.　aimez ils　aiment	j'　aimais tu　aimais il　aimait n.　aimions v.　aimiez ils　aimaient	j'　aimai tu　aimas il　aima n.　aimâmes v.　aimâtes ils　aimèrent	j'　aimerai tu　aimeras il　aimera n.　aimerons v.　aimerez ils　aimeront
8. commencer *commençant* *commencé*	je　commence tu　commences il　commence n.　commençons v.　commencez ils　commencent	je　commençais tu　commençais il　commençait n.　commencions v.　commenciez ils　commençaient	je　commençai tu　commenças il　commença n.　commençâmes v.　commençâtes ils　commencèrent	je　commencerai tu　commenceras il　commencera n.　commencerons v.　commencerez ils　commenceront
9. manger *mangeant* *mangé*	je　mange tu　manges il　mange n.　mangeons v.　mangez ils　mangent	je　mangeais tu　mangeais il　mangeait n.　mangions v.　mangiez ils　mangeaient	je　mangeai tu　mangeas il　mangea n.　mangeâmes v.　mangeâtes ils　mangèrent	je　mangerai tu　mangeras il　mangera n.　mangerons v.　mangerez ils　mangeront
10. acheter *achetant* *acheté*	j'　achète tu　achètes il　achète n.　achetons v.　achetez ils　achètent	j'　achetais tu　achetais il　achetait n.　achetions v.　achetiez ils　achetaient	j'　achetai tu　achetas il　acheta n.　achetâmes v.　achetâtes ils　achetèrent	j'　achèterai tu　achèteras il　achètera n.　achèterons v.　achèterez ils　achèteront
11. appeler *appelant* *appelé*	j'　appelle tu　appelles il　appelle n.　appelons v.　appelez ils　appellent	j'　appelais tu　appelais il　appelait n.　appelions v.　appeliez ils　appelaient	j'　appelai tu　appelas il　appela n.　appelâmes v.　appelâtes ils　appelèrent	j'　appellerai tu　appelleras il　appellera n.　appellerons v.　appellerez ils　appelleront
12. préférer *préférant* *préféré*	je　préfère tu　préfères il　préfère n.　préférons v.　préférez ils　préfèrent	je　préférais tu　préférais il　préférait n.　préférions v.　préfériez ils　préféraient	je　préférai tu　préféras il　préféra n.　préférâmes v.　préférâtes ils　préférèrent	je　préférerai tu　préféreras il　préférera n.　préférerons v.　préférerez ils　préféreront
13. employer *employant* *employé*	j'　emploie tu　emploies il　emploie n.　employons v.　employez ils　emploient	j'　employais tu　employais il　employait n.　employions v.　employiez ils　employaient	j'　employai tu　employas il　employa n.　employâmes v.　employâtes ils　employèrent	j'　emploierai tu　emploieras il　emploiera n.　emploierons v.　emploierez ils　emploieront

条 件 法	接 続 法		命 令 法	同 型
現　在	現　在	半 過 去		
j'　aimerais tu　aimerais il　aimerait n.　aimerions v.　aimeriez ils　aimeraient	j'　aime tu　aimes il　aime n.　aimions v.　aimiez ils　aiment	j'　aimasse tu　aimasses il　aimât n.　aimassions v.　aimassiez ils　aimassent	aime aimons aimez	注 語尾 -er の動詞 （除：aller, envoyer） を**第一群規則動詞**と もいう．
je　commencerais tu　commencerais il　commencerait n.　commencerions v.　commenceriez ils　commenceraient	je　commence tu　commences il　commence n.　commencions v.　commenciez ils　commencent	je　commençasse tu　commençasses il　commençât n.　commençassions v.　commençassiez ils　commençassent	commence commençons commencez	**avancer** **effacer** **forcer** **lancer** **placer** **prononcer** **remplacer** **renoncer**
je　mangerais tu　mangerais il　mangerait n.　mangerions v.　mangeriez ils　mangeraient	je　mange tu　manges il　mange n.　mangions v.　mangiez ils　mangent	je　mangeasse tu　mangeasses il　mangeât n.　mangeassions v.　mangeassiez ils　mangeassent	mange mangeons mangez	**arranger** **changer** **charger** **déranger** **engager** **manger** **obliger** **voyager**
j'　achèterais tu　achèterais il　achèterait n.　achèterions v.　achèteriez ils　achèteraient	j'　achète tu　achètes il　achète n.　achetions v.　achetiez ils　achètent	j'　achetasse tu　achetasses il　achetât n.　achetassions v.　achetassiez ils　achetassent	achète achetons achetez	**achever** **amener** **enlever** **lever** **mener** **peser** **(se) promener**
j'　appellerais tu　appellerais il　appellerait n.　appellerions v.　appelleriez ils　appelleraient	j'　appelle tu　appelles il　appelle n.　appelions v.　appeliez ils　appellent	j'　appelasse tu　appelasses il　appelât n.　appelassions v.　appelassiez ils　appelassent	appelle appelons appelez	**jeter** **rappeler** **rejeter** **renouveler**
je　préférerais tu　préférerais il　préférerait n.　préférerions v.　préféreriez ils　préféreraient	je　préfère tu　préfères il　préfère n.　préférions v.　préfériez ils　préfèrent	je　préférasse tu　préférasses il　préférât n.　préférassions v.　préférassiez ils　préférassent	préfère préférons préférez	**considérer** **désespérer** **espérer** **inquiéter** **pénétrer** **posséder** **répéter** **sécher**
j'　emploierais tu　emploierais il　emploierait n.　emploierions v.　emploieriez ils　emploieraient	j'　emploie tu　emploies il　emploie n.　employions v.　employiez ils　emploient	j'　employasse tu　employasses il　employât n.　employassions v.　employassiez ils　employassent	emploie employons employez	**-oyer**（除：**envoyer**） **-uyer** **appuyer** **ennuyer** **essuyer** **nettoyer**

不 定 法 現在分詞 過去分詞	直 説 法			
	現 在	半 過 去	単純過去	単純未来
14. payer *payant* *payé*	je paye (paie) tu payes (paies) il paye (paie) n. payons v. payez ils payent (paient)	je payais tu payais il payait n. payions v. payiez ils payaient	je payai tu payas il paya n. payâmes v. payâtes ils payèrent	je payerai (paierai) tu payeras (*etc. . . .*) il payera n. payerons v. payerez ils payeront
15. envoyer *envoyant* *envoyé*	j' envoie tu envoies il envoie n. envoyons v. envoyez ils envoient	j' envoyais tu envoyais il envoyait n. envoyions v. envoyiez ils envoyaient	j' envoyai tu envoyas il envoya n. envoyâmes v. envoyâtes ils envoyèrent	j' **enverrai** tu **enverras** il **enverra** n. **enverrons** v. **enverrez** ils **enverront**
16. aller *allant* *allé*	je **vais** tu **vas** il **va** n. allons v. allez ils **vont**	j' allais tu allais il allait n. allions v. alliez ils allaient	j' allai tu allas il alla n. allâmes v. allâtes ils allèrent	j' **irai** tu **iras** il **ira** n. **irons** v. **irez** ils **iront**
17. finir *finissant* *fini*	je finis tu finis il finit n. finissons v. finissez ils finissent	je finissais tu finissais il finissait n. finissions v. finissiez ils finissaient	je finis tu finis il finit n. finîmes v. finîtes ils finirent	je finirai tu finiras il finira n. finirons v. finirez ils finiront
18. partir *partant* *parti*	je pars tu pars il part n. partons v. partez ils partent	je partais tu partais il partait n. partions v. partiez ils partaient	je partis tu partis il partit n. partîmes v. partîtes ils partirent	je partirai tu partiras il partira n. partirons v. partirez ils partiront
19. sentir *sentant* *senti*	je sens tu sens il sent n. sentons v. sentez ils sentent	je sentais tu sentais il sentait n. sentions v. sentiez ils sentaient	je sentis tu sentis il sentit n. sentîmes v. sentîtes ils sentirent	je sentirai tu sentiras il sentira n. sentirons v. sentirez ils sentiront
20. tenir *tenant* *tenu*	je tiens tu tiens il tient n. tenons v. tenez ils tiennent	je tenais tu tenais il tenait n. tenions v. teniez ils tenaient	je tins tu tins il tint n. tînmes v. tîntes ils tinrent	je **tiendrai** tu **tiendras** il **tiendra** n. **tiendrons** v. **tiendrez** ils **tiendront**

条 件 法	接 続 法		命 令 法	同 型
現　　在	現　　在	半　過　去		
je payerais (paierais) tu payerais (etc. ...) il payerait n. payerions v. payeriez ils payeraient	je paye (paie) tu payes (paies) il paye (paie) n. payions v. payiez ils payent (paient)	je payasse tu payasses il payât n. payassions v. payassiez ils payassent	paie (paye) payons payez	[発音] je paye [ʒəpɛj], je paie [ʒəpɛ]; je payerai [ʒəpɛjre], je paierai [ʒəpɛre].
j' enverrais tu enverrais il enverrait n. enverrions v. enverriez ils enverraient	j' envoie tu envoies il envoie n. envoyions v. envoyiez ils envoient	j' envoyasse tu envoyasses il envoyât n. envoyassions v. envoyassiez ils envoyassent	envoie envoyons envoyez	注未来, 条・現を除いては, **13** と同じ. **renvoyer**
j' irais tu irais il irait n. irions v. iriez ils iraient	j' **aille** tu **ailles** il **aille** n. allions v. alliez ils **aillent**	j' allasse tu allasses il allât n. allassions v. allassiez ils allassent	**va** allons allez	注yがつくとき命令法・現在は vas: vas-y. 直・現・3 人称複数に ont の語尾をもつものは他に ont(avoir), sont(être), font(faire)のみ.
je finirais tu finirais il finirait n. finirions v. finiriez ils finiraient	je finisse tu finisses il finisse n. finissions v. finissiez ils finissent	je finisse tu finisses il finît n. finissions v. finissiez ils finissent	finis finissons finissez	注finir 型の動詞を第 2 群規則動詞という.
je partirais tu partirais il partirait n. partirions v. partiriez ils partiraient	je parte tu partes il parte n. partions v. partiez ils partent	je partisse tu partisses il partît n. partissions v. partissiez ils partissent	pars partons partez	注助動詞は être. **sortir**
je sentirais tu sentirais il sentirait n. sentirions v. sentiriez ils sentiraient	je sente tu sentes il sente n. sentions v. sentiez ils sentent	je sentisse tu sentisses il sentît n. sentissions v. sentissiez ils sentissent	sens sentons sentez	注**18**と助動詞を除けば同型.
je tiendrais tu tiendrais il tiendrait n. tiendrions v. tiendriez ils tiendraient	je tienne tu tiennes il tienne n. tenions v. teniez ils tiennent	je tinsse tu tinsses il tînt n. tinssions v. tinssiez ils tinssent	tiens tenons tenez	注**venir 21** と同型, ただし, 助動詞は avoir.

不 定 法 現在分詞 過去分詞	直 説 法			
	現 在	半 過 去	単純過去	単純未来
21. venir *venant* *venu*	je viens tu viens il vient n. venons v. venez ils viennent	je venais tu venais il venait n. venions v. veniez ils venaient	je vins tu vins il vint n. vînmes v. vîntes ils vinrent	je **viendrai** tu **viendras** il **viendra** n. **viendrons** v. **viendrez** ils **viendront**
22. accueillir *accueillant* *accueilli*	j' **accueille** tu **accueilles** il **accueille** n. accueillons v. accueillez ils accueillent	j' accueillais tu accueillais il accueillait n. accueillions v. accueilliez ils accueillaient	j' accueillis tu accueillis il accueillit n. accueillîmes v. accueillîtes ils accueillirent	j' **accueillerai** tu **accueilleras** il **accueillera** n. **accueillerons** v. **accueillerez** ils **accueilleront**
23. ouvrir *ouvrant* *ouvert*	j' **ouvre** tu **ouvres** il **ouvre** n. ouvrons v. ouvrez ils ouvrent	j' ouvrais tu ouvrais il ouvrait n. ouvrions v. ouvriez ils ouvraient	j' ouvris tu ouvris il ouvrit n. ouvrîmes v. ouvrîtes ils ouvrirent	j' ouvrirai tu ouvriras il ouvrira n. ouvrirons v. ouvrirez ils ouvriront
24. courir *courant* *couru*	je cours tu cours il court n. courons v. courez ils courent	je courais tu courais il courait n. courions v. couriez ils couraient	je courus tu courus il courut n. courûmes v. courûtes ils coururent	je **courrai** tu **courras** il **courra** n. **courrons** v. **courrez** ils **courront**
25. mourir *mourant* *mort*	je meurs tu meurs il meurt n. mourons v. mourez ils meurent	je mourais tu mourais il mourait n. mourions v. mouriez ils mouraient	je mourus tu mourus il mourut n. mourûmes v. mourûtes ils moururent	je **mourrai** tu **mourras** il **mourra** n. **mourrons** v. **mourrez** ils **mourront**
26. acquérir *acquérant* *acquis*	j' acquiers tu acquiers il acquiert n. acquérons v. acquérez ils acquièrent	j' acquérais tu acquérais il acquérait n. acquérions v. acquériez ils acquéraient	j' acquis tu acquis il acquit n. acquîmes v. acquîtes ils acquirent	j' **acquerrai** tu **acquerras** il **acquerra** n. **acquerrons** v. **acquerrez** ils **acquerront**
27. fuir *fuyant* *fui*	je fuis tu fuis il fuit n. fuyons v. fuyez ils fuient	je fuyais tu fuyais il fuyait n. fuyions v. fuyiez ils fuyaient	je fuis tu fuis il fuit n. fuîmes v. fuîtes ils fuirent	je fuirai tu fuiras il fuira n. fuirons v. fuirez ils fuiront

条　件　法	接　続　法		命　令　法	同　　型
現　　在	現　　在	半　過　去		
je viendrais tu viendrais il viendrait n. viendrions v. viendriez ils viendraient	je vienne tu viennes il vienne n. venions v. veniez ils viennent	je vinsse tu vinsses il vînt n. vinssions v. vinssiez ils vinssent	viens venons venez	注助動詞は être. **devenir** **intervenir** **prévenir** **revenir** **(se) souvenir**
j' accueillerais tu accueillerais il accueillerait n. accueillerions v. accueilleriez ils accueilleraient	j' accueille tu accueilles il accueille n. accueillions v. accueilliez ils accueillent	j' accueillisse tu accueillisses il accueillît n. accueillissions v. accueillissiez ils accueillissent	**accueille** accueillons accueillez	**cueillir**
j' ouvrirais tu ouvrirais il ouvrirait n. ouvririons v. ouvririez ils ouvriraient	j' ouvre tu ouvres il ouvre n. ouvrions v. ouvriez ils ouvrent	j' ouvrisse tu ouvrisses il ouvrît n. ouvrissions v. ouvrissiez ils ouvrissent	**ouvre** ouvrons ouvrez	**couvrir** **découvrir** **offrir** **souffrir**
je courrais tu courrais il courrait n. courrions v. courriez ils courraient	je coure tu coures il coure n. courions v. couriez ils courent	je courusse tu courusses il courût n. courussions v. courussiez ils courussent	cours courons courez	**accourir**
je mourrais tu mourrais il mourrait n. mourrions v. mourriez ils mourraient	je meure tu meures il meure n. mourions v. mouriez ils meurent	je mourusse tu mourusses il mourût n. mourussions v. mourussiez ils mourussent	meurs mourons mourez	注助動詞は être.
j' acquerrais tu acquerrais il acquerrait n. acquerrions v. acquerriez ils acquerraient	j' acquière tu acquières il acquière n. acquérions v. acquériez ils acquièrent	j' acquisse tu acquisses il acquît n. acquissions v. acquissiez ils acquissent	acquiers acquérons acquérez	**conquérir**
je fuirais tu fuirais il fuirait n. fuirions v. fuiriez ils fuiraient	je fuie tu fuies il fuie n. fuyions v. fuyiez ils fuient	je fuisse tu fuisses il fuît n. fuissions v. fuissiez ils fuissent	fuis fuyons fuyez	**s'enfuir**

不 定 法 現在分詞 過去分詞	直　説　法			
	現　　在	半 過 去	単純過去	単純未来
28. rendre *rendant* *rendu*	je rends tu rends il **rend** n. rendons v. rendez ils rendent	je rendais tu rendais il rendait n. rendions v. rendiez ils rendaient	je rendis tu rendis il rendit n. rendîmes v. rendîtes ils rendirent	je rendrai tu rendras il rendra n. rendrons v. rendrez ils rendront
29. prendre *prenant* *pris*	je prends tu prends il **prend** n. prenons v. prenez ils prennent	je prenais tu prenais il prenait n. prenions v. preniez ils prenaient	je pris tu pris il prit n. prîmes v. prîtes ils prirent	je prendrai tu prendras il prendra n. prendrons v. prendrez ils prendront
30. craindre *craignant* *craint*	je crains tu crains il craint n. craignons v. craignez ils craignent	je craignais tu craignais il craignait n. craignions v. craigniez ils craignaient	je craignis tu craignis il craignit n. craignîmes v. craignîtes ils craignirent	je craindrai tu craindras il craindra n. craindrons v. craindrez ils craindront
31. faire *faisant* *fait*	je fais tu fais il fait n. faisons v. **faites** ils **font**	je faisais tu faisais il faisait n. faisions v. faisiez ils faisaient	je fis tu fis il fit n. fîmes v. fîtes ils firent	je **ferai** tu **feras** il **fera** n. **ferons** v. **ferez** ils **feront**
32. dire *disant* *dit*	je dis tu dis il dit n. disons v. **dites** ils disent	je disais tu disais il disait n. disions v. disiez ils disaient	je dis tu dis il dit n. dîmes v. dîtes ils dirent	je dirai tu diras il dira n. dirons v. direz ils diront
33. lire *lisant* *lu*	je lis tu lis il lit n. lisons v. lisez ils lisent	je lisais tu lisais il lisait n. lisions v. lisiez ils lisaient	je lus tu lus il lut n. lûmes v. lûtes ils lurent	je lirai tu liras il lira n. lirons v. lirez ils liront
34. suffire *suffisant* *suffi*	je suffis tu suffis il suffit n. suffisons v. suffisez ils suffisent	je suffisais tu suffisais il suffisait n. suffisions v. suffisiez ils suffisaient	je suffis tu suffis il suffit n. suffîmes v. suffîtes ils suffirent	je suffirai tu suffiras il suffira n. suffirons v. suffirez ils suffiront

条　件　法	接　続　法		命　令　法	同　型
現　　在	現　　在	半　過　去		
je　rendrais tu　rendrais il　rendrait n.　rendrions v.　rendriez ils　rendraient	je　rende tu　rendes il　rende n.　rendions v.　rendiez ils　rendent	je　rendisse tu　rendisses il　rendît n.　rendissions v.　rendissiez ils　rendissent	rends rendons rendez	**attendre descendre entendre pendre perdre répandre répondre vendre**
je　prendrais tu　prendrais il　prendrait n.　prendrions v.　prendriez ils　prendraient	je　prenne tu　prennes il　prenne n.　prenions v.　preniez ils　prennent	je　prisse tu　prisses il　prît n.　prissions v.　prissiez ils　prissent	prends prenons prenez	**apprendre comprendre entreprendre reprendre surprendre**
je　craindrais tu　craindrais il　craindrait n.　craindrions v.　craindriez ils　craindraient	je　craigne tu　craignes il　craigne n.　craignions v.　craigniez ils　craignent	je　craignisse tu　craignisses il　craignît n.　craignissions v.　craignissiez ils　craignissent	crains craignons craignez	**atteindre éteindre joindre peindre plaindre**
je　ferais tu　ferais il　ferait n.　ferions v.　feriez ils　feraient	je　**fasse** tu　**fasses** il　**fasse** n.　**fassions** v.　**fassiez** ils　**fassent**	je　fisse tu　fisses il　fît n.　fissions v.　fissiez ils　fissent	fais faisons **faites**	**défaire refaire satisfaire** 注fais-[f(ə)z-]
je　dirais tu　dirais il　dirait n.　dirions v.　diriez ils　diraient	je　dise tu　dises il　dise n.　disions v.　disiez ils　disent	je　disse tu　disses il　dît n.　dissions v.　dissiez ils　dissent	dis disons **dites**	**redire**
je　lirais tu　lirais il　lirait n.　lirions v.　liriez ils　liraient	je　lise tu　lises il　lise n.　lisions v.　lisiez ils　lisent	je　lusse tu　lusses il　lût n.　lussions v.　lussiez ils　lussent	lis lisons lisez	**relire élire**
je　suffirais tu　suffirais il　suffirait· n.　suffirions v.　suffiriez ils　suffiraient	je　suffise tu　suffises il　suffise n.　suffisions v.　suffisiez ils　suffisent	je　suffisse tu　suffisses il　suffît n.　suffissions v.　suffissiez ils　suffissent	suffis suffisons suffisez	

不定法 現在分詞 過去分詞	直 説 法			
	現 在	半 過 去	単 純 過 去	単 純 未来
35. conduire *conduisant* *conduit*	je conduis tu conduis il conduit n. conduisons v. conduisez ils conduisent	je conduisais tu conduisais il conduisait n. conduisions v. conduisiez ils conduisaient	je conduisis tu conduisis il conduisit n. conduisîmes v. conduisîtes ils conduisirent	je conduirai tu conduiras il conduira n. conduirons v. conduirez ils conduiront
36. plaire *plaisant* *plu*	je plais tu plais il **plaît** n. plaisons v. plaisez ils plaisent	je plaisais tu plaisais il plaisait n. plaisions v. plaisiez ils plaisaient	je plus tu plus il plut n. plûmes v. plûtes ils plurent	je plairai tu plairas il plaira n. plairons v. plairez ils plairont
37. coudre *cousant* *cousu*	je couds tu couds il coud n. cousons v. cousez ils cousent	je cousais tu cousais il cousait n. cousions v. cousiez ils cousaient	je cousis tu cousis il cousit n. cousîmes v. cousîtes ils cousirent	je coudrai tu coudras il coudra n. coudrons v. coudrez ils coudront
38. suivre *suivant* *suivi*	je suis tu suis il suit n. suivons v. suivez ils suivent	je suivais tu suivais il suivait n. suivions v. suiviez ils suivaient	je suivis tu suivis il suivit n. suivîmes v. suivîtes ils suivirent	je suivrai tu suivras il suivra n. suivrons v. suivrez ils suivront
39. vivre *vivant* *vécu*	je vis tu vis il vit n. vivons v. vivez ils vivent	je vivais tu vivais il vivait n. vivions v. viviez ils vivaient	je vécus tu vécus il vécut n. vécûmes v. vécûtes ils vécurent	je vivrai tu vivras il vivra n. vivrons v. vivrez ils vivront
40. écrire *écrivant* *écrit*	j' écris tu écris il écrit n. écrivons v. écrivez ils écrivent	j' écrivais tu écrivais il écrivait n. écrivions v. écriviez ils écrivaient	j' écrivis tu écrivis il écrivit n. écrivîmes v. écrivîtes ils écrivirent	j' écrirai tu écriras il écrira n. écrirons v. écrirez ils écriront
41. boire *buvant* *bu*	je bois tu bois il boit n. buvons v. buvez ils boivent	je buvais tu buvais il buvait n. buvions v. buviez ils buvaient	je bus tu bus il but n. bûmes v. bûtes ils burent	je boirai tu boiras il boira n. boirons v. boirez ils boiront

条 件 法	接 続 法		命 令 法	同 型
現　在	現　在	半 過 去		
je conduirais tu conduirais il conduirait n. conduirions v. conduiriez ils conduiraient	je conduise tu conduises il conduise n. conduisions v. conduisiez ils conduisent	je conduisisse tu conduisisses il conduisît n. conduisissions v. conduisissiez ils conduisissent	conduis conduisons conduisez	**construire** **cuire** **détruire** **instruire** **introduire** **produire** **traduire**
je plairais tu plairais il plairait n. plairions v. plairiez ils plairaient	je plaise tu plaises il plaise n. plaisions v. plaisiez ils plaisent	je plusse tu plusses il plût n. plussions v. plussiez ils plussent	plais plaisons plaisez	**déplaire** **(se) taire** （ただし il se tait）
je coudrais tu coudrais il coudrait n. coudrions v. coudriez ils coudraient	je couse tu couses il couse n. cousions v. cousiez ils cousent	je cousisse tu cousisses il cousît n. cousissions v. cousissiez ils cousissent	couds cousons cousez	
je suivrais tu suivrais il suivrait n. suivrions v. suivriez ils suivraient	je suive tu suives il suive n. suivions v. suiviez ils suivent	je suivisse tu suivisses il suivît n. suivissions v. suivissiez ils suivissent	suis suivons suivez	**poursuivre**
je vivrais tu vivrais il vivrait n. vivrions v. vivriez ils vivraient	je vive tu vives il vive n. vivions v. viviez ils vivent	je vécusse tu vécusses il vécût n. vécussions v. vécussiez ils vécussent	vis vivons vivez	
j' écrirais tu écrirais il écrirait n. écririons v. écririez ils écriraient	j' écrive tu écrives il écrive n. écrivions v. écriviez ils écrivent	j' écrivisse tu écrivisses il écrivît n. écrivissions v. écrivissiez ils écrivissent	écris écrivons écrivez	**décrire** **inscrire**
je boirais tu boirais il boirait n. boirions v. boiriez ils boiraient	je boive tu boives il boive n. buvions v. buviez ils boivent	je busse tu busses il bût n. bussions v. bussiez ils bussent	bois buvons buvez	

不 定 法 現在分詞 過去分詞	直 説 法			
	現 在	半 過 去	単 純 過 去	単 純 未 来
42. résoudre *résolvant* *résolu*	je résous tu résous il résout n. résolvons v. résolvez ils résolvent	je résolvais tu résolvais il résolvait n. résolvions v. résolviez ils résolvaient	je résolus tu résolus il résolut n. résolûmes v. résolûtes ils résolurent	je résoudrai tu résoudras il résoudra n. résoudrons v. résoudrez ils résoudront
43. connaître *connaissant* *connu*	je connais tu connais il **connaît** n. connaissons v. connaissez ils connaissent	je connaissais tu connaissais il connaissait n. connaissions v. connaissiez ils connaissaient	je connus tu connus il connut n. connûmes v. connûtes ils connurent	je connaîtrai tu connaîtras il connaîtra n. connaîtrons v. connaîtrez ils connaîtront
44. naître *naissant* *né*	je nais tu nais il **naît** n. naissons v. naissez ils naissent	je naissais tu naissais il naissait n. naissions v. naissiez ils naissaient	je naquis tu naquis il naquit n. naquîmes v. naquîtes ils naquirent	je naîtrai tu naîtras il naîtra n. naîtrons v. naîtrez ils naîtront
45. croire *croyant* *cru*	je crois tu crois il croit n. croyons v. croyez ils croient	je croyais tu croyais il croyait n. croyions v. croyiez ils croyaient	je crus tu crus il crut n. crûmes v. crûtes ils crurent	je croirai tu croiras il croira n. croirons v. croirez ils croiront
46. battre *battant* *battu*	je bats tu bats il **bat** n. battons v. battez ils battent	je battais tu battais il battait n. battions v. battiez ils battaient	je battis tu battis il battit n. battîmes v. battîtes ils battirent	je battrai tu battras il battra n. battrons v. battrez ils battront
47. mettre *mettant* *mis*	je mets tu mets il **met** n. mettons v. mettez ils mettent	je mettais tu mettais il mettait n. mettions v. mettiez ils mettaient	je mis tu mis il mit n. mîmes v. mîtes ils mirent	je mettrai tu mettras il mettra n. mettrons v. mettrez ils mettront
48. rire *riant* *ri*	je ris tu ris il rit n. rions v. riez ils rient	je riais tu riais il riait n. riions v. riiez ils riaient	je ris tu ris il rit n. rîmes v. rîtes ils rirent	je rirai tu riras il rira n. rirons v. rirez ils riront

条件法	接続法		命令法	同型
現在	現在	半過去		
je résoudrais tu résoudrais il résoudrait n. résoudrions v. résoudriez ils résoudraient	je résolve tu résolves il résolve n. résolvions v. résolviez ils résolvent	je résolusse tu résolusses il résolût n. résolussions v. résolussiez ils résolussent	résous résolvons résolvez	
je connaîtrais tu connaîtrais il connaîtrait n. connaîtrions v. connaîtriez ils connaîtraient	je connaisse tu connaisses il connaisse n. connaissions v. connaissiez ils connaissent	je connusse tu connusses il connût n. connussions v. connussiez ils connussent	connais connaissons connaissez	注 t の前にくるとき i→î. **apparaître** **disparaître** **paraître** **reconnaître**
je naîtrais tu naîtrais il naîtrait n. naîtrions v. naîtriez ils naîtraient	je naisse tu naisses il naisse n. naissions v. naissiez ils naissent	je naquisse tu naquisses il naquît n. naquissions v. naquissiez ils naquissent	nais naissons naissez	注 t の前にくるとき i→î. 助動詞はêtre.
je croirais tu croirais il croirait n. croirions v. croiriez ils croiraient	je croie tu croies il croie n. croyions v. croyiez ils croient	je crusse tu crusses il crût n. crussions v. crussiez ils crussent	crois croyons croyez	
je battrais tu battrais il battrait n. battrions v. battriez ils battraient	je batte tu battes il batte n. battions v. battiez ils battent	je battisse tu battisses il battît n. battissions v. battissiez ils battissent	bats battons battez	**abattre** **combattre**
je mettrais tu mettrais il mettrait n. mettrions v. mettriez ils mettraient	je mette tu mettes il mette n. mettions v. mettiez ils mettent	je misse tu misses il mît n. missions v. missiez ils missent	mets mettons mettez	**admettre** **commettre** **permettre** **promettre** **remettre**
je rirais tu rirais il rirait n. ririons v. ririez ils riraient	je rie tu ries il rie n. riions v. riiez ils rient	je risse tu risses il rît n. rissions v. rissiez ils rissent	ris rions riez	**sourire**

不定法 現在分詞 過去分詞	直　説　法			
	現　　在	半　過　去	単純過去	単純未来
49. conclure *concluant* *conclu*	je conclus tu conclus il conclut n. concluons v. concluez ils concluent	je concluais tu concluais il concluait n. concluions v. concluiez ils concluaient	je conclus tu conclus il conclut n. conclûmes v. conclûtes ils conclurent	je conclurai tu concluras il conclura n. conclurons v. conclurez ils concluront
50. rompre *rompant* *rompu*	je romps tu romps il rompt n. rompons v. rompez ils rompent	je rompais tu rompais il rompait n. rompions v. rompiez ils rompaient	je rompis tu rompis il rompit n. rompîmes v. rompîtes ils rompirent	je romprai tu rompras il rompra n. romprons v. romprez ils rompront
51. vaincre *vainquant* *vaincu*	je vaincs tu vaincs il **vainc** n. vainquons v. vainquez ils vainquent	je vainquais tu vainquais il vainquait n. vainquions v. vainquiez ils vainquaient	je vainquis tu vainquis il vainquit n. vainquîmes v. vainquîtes ils vainquirent	je vaincrai tu vaincras il vaincra n. vaincrons v. vaincrez ils vaincront
52. recevoir *recevant* *reçu*	je reçois tu reçois il reçoit n. recevons v. recevez ils reçoivent	je recevais tu recevais il recevait n. recevions v. receviez ils recevaient	je reçus tu reçus il reçut n. reçûmes v. reçûtes ils reçurent	je **recevrai** tu **recevras** il **recevra** n. **recevrons** v. **recevrez** ils **recevront**
53. devoir *devant* *dû* (due, dus, dues)	je dois tu dois il doit n. devons v. devez ils doivent	je devais tu devais il devait n. devions v. deviez ils devaient	je dus tu dus il dut n. dûmes v. dûtes ils durent	je **devrai** tu **devras** il **devra** n. **devrons** v. **devrez** ils **devront**
54. pouvoir *pouvant* *pu*	je **peux (puis)** tu **peux** il peut n. pouvons v. pouvez ils peuvent	je pouvais tu pouvais il pouvait n. pouvions v. pouviez ils pouvaient	je pus tu pus il put n. pûmes v. pûtes ils purent	je **pourrai** tu **pourras** il **pourra** n. **pourrons** v. **pourrez** ils **pourront**
55. émouvoir *émouvant* *ému*	j' émeus tu émeus il émeut n. émouvons v. émouvez ils émeuvent	j' émouvais tu émouvais il émouvait n. émouvions v. émouviez ils émouvaient	j' émus tu émus il émut n. émûmes v. émûtes ils émurent	j' **émouvrai** tu **émouvras** il **émouvra** n. **émouvrons** v. **émouvrez** ils **émouvront**

条 件 法	接 続 法		命 令 法	同 型
現　　在	現　　在	半 過 去		
je conclurais tu conclurais il conclurait n. conclurions v. concluriez ils concluraient	je conclue tu conclues il conclue n. concluions v. concluiez ils concluent	je conclusse tu conclusses il conclût n. conclussions v. conclussiez ils conclussent	conclus concluons concluez	
je romprais tu romprais il romprait n. romprions v. rompriez ils rompraient	je rompe tu rompes il rompe n. rompions v. rompiez ils rompent	je rompisse tu rompisses il rompît n. rompissions v. rompissiez ils rompissent	romps rompons rompez	**interrompre**
je vaincrais tu vaincrais il vaincrait n. vaincrions v. vaincriez ils vaincraient	je vainque tu vainques il vainque n. vainquions v. vainquiez ils vainquent	je vainquisse tu vainquisses il vainquît n. vainquissions v. vainquissiez ils vainquissent	vaincs vainquons vainquez	**convaincre**
je recevrais tu recevrais il recevrait n. recevrions v. recevriez ils recevraient	je reçoive tu reçoives il reçoive n. recevions v. receviez ils reçoivent	je reçusse tu reçusses il reçût n. reçussions v. reçussiez ils reçussent	reçois recevons recevez	**apercevoir** **concevoir**
je devrais tu devrais il devrait n. devrions v. devriez ils devraient	je doive tu doives il doive n. devions v. deviez ils doivent	je dusse tu dusses il dût n. dussions v. dussiez ils dussent	dois devons devez	注命令法はほとんど 用いられない.
je pourrais tu pourrais il pourrait n. pourrions v. pourriez ils pourraient	je **puisse** tu **puisses** il **puisse** n. **puissions** v. **puissiez** ils **puissent**	je pusse tu pusses il pût n. pussions v. pussiez ils pussent		注命令法はない.
j' émouvrais tu émouvrais il émouvrait n. émouvrions v. émouvriez ils émouvraient	j' émeuve tu émeuves il émeuve n. émouvions v. émouviez ils émeuvent	j' émusse tu émusses il émût n. émussions v. émussiez ils émussent	émeus émouvons émouvez	**mouvoir** ただし過去分詞は mû (mue, mus, mues)

不 定 法 現在分詞 過去分詞	直 説 法			
	現　在	半 過 去	単純過去	単純未来
56. savoir *sachant* *su*	je sais tu sais il sait n. savons v. savez ils savent	je savais tu savais il savait n. savions v. saviez ils savaient	je sus tu sus il sut n. sûmes v. sûtes ils surent	je **saurai** tu **sauras** il **saura** n. **saurons** v. **saurez** ils **sauront**
57. voir *voyant* *vu*	je vois tu vois il voit n. voyons v. voyez ils voient	je voyais tu voyais il voyait n. voyions v. voyiez ils voyaient	je vis tu vis il vit n. vîmes v. vîtes ils virent	je **verrai** tu **verras** il **verra** n. **verrons** v. **verrez** ils **verront**
58. vouloir *voulant* *voulu*	je **veux** tu **veux** il veut n. voulons v. voulez ils veulent	je voulais tu voulais il voulait n. voulions v. vouliez ils voulaient	je voulus tu voulus il voulut n. voulûmes v. voulûtes ils voulurent	je **voudrai** tu **voudras** il **voudra** n. **voudrons** v. **voudrez** ils **voudront**
59. valoir *valant* *valu*	je **vaux** tu **vaux** il vaut n. valons v. valez ils valent	je valais tu valais il valait n. valions v. valiez ils valaient	je valus tu valus il valut n. valûmes v. valûtes ils valurent	je **vaudrai** tu **vaudras** il **vaudra** n. **vaudrons** v. **vaudrez** ils **vaudront**
60. s'asseoir *s'asseyant*[1] *assis*	je m'assieds[1] tu t'assieds il **s'assied** n. n. asseyons v. v. asseyez ils s'asseyent	je m'asseyais[1] tu t'asseyais il s'asseyait n. n. asseyions v. v. asseyiez ils s'asseyaient	je m'assis tu t'assis il s'assit n. n. assîmes v. v. assîtes ils s'assirent	je **m'assiérai**[1] tu t'**assiéras** il s'**assiéra** n. n. **assiérons** v. v. **assiérez** ils s'**assiéront**
s'assoyant[2]	je m'assois[2] tu t'assois il s'assoit n. n. assoyons v. v. assoyez ils s'assoient	je m'assoyais[2] tu t'assoyais il s'assoyait n. n. assoyions v. v. assoyiez ils s'assoyaient		je **m'assoirai**[2] tu t'**assoiras** il s'**assoira** n. n. **assoirons** v. v. **assoirez** ils s'**assoiront**
61. pleuvoir *pleuvant* *plu*	il pleut	il pleuvait	il plut	il **pleuvra**
62. falloir *fallu*	il faut	il fallait	il fallut	il **faudra**

22

条件法	接続法		命令法	同型
現　在	現　在	半　過　去		
je saurais tu saurais il saurait n. saurions v. sauriez ils sauraient	je **sache** tu **saches** il **sache** n. **sachions** v. **sachiez** ils **sachent**	je susse tu susses il sût n. sussions v. sussiez ils sussent	**sache** **sachons** **sachez**	
je verrais tu verrais il verrait n. verrions v. verriez ils verraient	je voie tu voies il voie n. voyions v. voyiez ils voient	je visse tu visses il vît n. vissions v. vissiez ils vissent	vois voyons voyez	**revoir**
je voudrais tu voudrais il voudrait n. voudrions v. voudriez ils voudraient	je **veuille** tu **veuilles** il **veuille** n. voulions v. vouliez ils **veuillent**	je voulusse tu voulusses il voulût n. voulussions v. voulussiez ils voulussent	**veuille** **veuillons** **veuillez**	
je vaudrais tu vaudrais il vaudrait n. vaudrions v. vaudriez ils vaudraient	je **vaille** tu **vailles** il **vaille** n. valions v. valiez ils **vaillent**	je valusse tu valusses il valût n. valussions v. valussiez ils valussent		注 命令法はほとんど ど用いられない.
je m'assiérais[1] tu t'assiérais il s'assiérait n. n. assiérions v. v. assiériez ils s'assiéraient	je m'asseye[1] tu t'asseyes il s'asseye n. n. asseyions v. v. asseyiez ils s'asseyent	j' m'assisse tu t'assisses il s'assît n. n. assissions v. v. assissiez ils s'assissent	assieds-toi[1] asseyons-nous asseyez-vous	注 時称により2種の 活用があるが, (1)は古来の活用で, (2)は俗語調である. (1)の方が多く使われ る.
je m'assoirais[2] tu t'assoirais il s'assoirait n. n. assoirions v. v. assoiriez ils s'assoiraient	je m'assoie[2] tu t'assoies il s'assoie n. n. assoyions v. v. assoyiez ils s'assoient		assois-toi[2] assoyons-nous assoyez-vous	
il pleuvrait	il pleuve	il plût		注 命令法はない.
il faudrait	il **faille**	il fallût		注 命令法・現在分詞 はない.

NUMÉRAUX（数詞）

CARDINAUX（基数）	ORDINAUX（序数）		CARDINAUX	ORDINAUX
1 **un, une**	**premier**（**première**）	90	**quatre-vingt-dix**	**quatre-vingt-dixième**
2 deux	deuxième, second（e）	91	quatre-vingt-onze	quatre-vingt-onzième
3 trois	troisième	92	quatre-vingt-douze	quatre-vingt-douzième
4 quatre	quatrième	100	**cent**	**centième**
5 cinq	cinquième	101	cent un	cent（et）unième
6 six	sixième	102	cent deux	cent deuxième
7 sept	septième	110	cent dix	cent dixième
8 huit	huitième	120	cent vingt	cent vingtième
9 neuf	neuvième	130	cent trente	cent trentième
10 **dix**	**dixième**	140	cent quarante	cent quarantième
11 onze	onzième	150	cent cinquante	cent cinquantième
12 douze	douzième	160	cent soixante	cent soixantième
13 treize	treizième	170	cent soixante-dix	cent soixante-dixième
14 quatorze	quatorzième	180	cent quatre-vingts	cent quatre-vingtième
15 quinze	quinzième	190	cent quatre-vingt-dix	cent quatre-vingt-dixième
16 seize	seizième	200	**deux cents**	**deux centième**
17 dix-sept	dix-septième	201	deux cent un	deux cent unième
18 dix-huit	dix-huitième	202	deux cent deux	deux cent deuxième
19 dix-neuf	dix-neuvième	300	**trois cents**	**trois centième**
20 **vingt**	**vingtième**	301	trois cent un	trois cent unième
21 vingt et un	vingt et unième	302	trois cent deux	trois cent deuxième
22 vingt-deux	vingt-deuxième	400	**quatre cents**	**quatre centième**
23 vingt-trois	vingt-troisième	401	quatre cent un	quatre cent unième
30 **trente**	**trentième**	402	quatre cent deux	quatre cent deuxième
31 trente et un	trente et unième	500	**cinq cents**	**cinq centième**
32 trente-deux	trente-deuxième	501	cinq cent un	cinq cent unième
40 **quarante**	**quarantième**	502	cinq cent deux	cinq cent deuxième
41 quarante et un	quarante et unième	600	**six cents**	**six centième**
42 quarante-deux	quarante-deuxième	601	six cent un	six cent unième
50 **cinquante**	**cinquantième**	602	six cent deux	six cent deuxième
51 cinquante et un	cinquante et unième	700	**sept cents**	**sept centième**
52 cinquante-deux	cinquante-deuxième	701	sept cent un	sept cent unième
60 **soixante**	**soixantième**	702	sept cent deux	sept cent deuxième
61 soixante et un	soixante et unième	800	**huit cents**	**huit centième**
62 soixante-deux	soixante-deuxième	801	huit cent un	huit cent unième
70 **soixante-dix**	**soixante-dixième**	802	huit cent deux	huit cent deuxième
71 soixante et onze	soixante et onzième	900	**neuf cents**	**neuf centième**
72 soixante-douze	soixante-douzième	901	neuf cent un	neuf cent unième
80 **quatre-vingts**	**quatre-vingtième**	902	neuf cent deux	neuf cent deuxième
81 quatre-vingt-un	quatre-vingt-unième	1000	**mille**	**millième**
82 quatre-vingt-deux	quatre-vingt-deuxième			

1 000 000 | **un million** | **millionième** ‖ 1 000 000 000 | **un milliard** | **milliardième**